新编21世纪远程教育精品教材

• 经济与管理系列 •

会计学

（MOOC版）

赵西卜　编著

中国人民大学出版社

· 北京 ·

图书在版编目（CIP）数据

会计学：MOOC版/赵西卜编著．--北京：中国人民大学出版社，2021.3

新编21世纪远程教育精品教材．经济与管理系列

ISBN 978-7-300-29005-8

Ⅰ.①会… Ⅱ.①赵… Ⅲ.①会计学-远程教育-教材 Ⅳ.①F230

中国版本图书馆CIP数据核字（2021）第023374号

中国人民大学“十三五”规划教材

新编21世纪远程教育精品教材·经济与管理系列

会计学（MOOC版）

赵西卜　编著

Kuaijixue

出版发行	中国人民大学出版社		
社　址	北京中关村大街31号	**邮政编码**	100080
电　话	010－62511242（总编室）		010－62511770（质管部）
	010－82501766（邮购部）		010－62514148（门市部）
	010－62515195（发行公司）		010－62515275（盗版举报）
网　址	http://www.crup.com.cn		
经　销	新华书店		
印　刷	北京七色印务有限公司		
规　格	185mm×260mm　16开本	**版　次**	2021年3月第1版
印　张	12.25	**印　次**	2021年3月第1次印刷
字　数	286 000	**定　价**	32.00元

前　言

加拿大曼尼托巴大学（University of Manitoba）的乔治·西蒙斯（George Siemens）根据开放教育资源支持下的网络学习特点，于2005年首次提出联通主义的学习理念。以联通主义理论和网络化学习的开放教育学为基础，加拿大爱德华王子岛大学（University of Prince Edward Island）网络传播与创新部门主管戴夫·科米尔（Dave Cormier）与国家文科教育技术研究院（Canadian National Institute for Technology in Liberal Education）的高级研究员布莱恩·亚历山大（Bryan Alexander）于2008年联合提出了慕课这一术语，即大规模开放的在线课程（Massive Open Online Course，MOOC）。

2012年，源生于哈佛大学（Harvard University）、麻省理工学院（Massachusetts Institute of Technology，MIT）和斯坦福大学（Stanford University），后来成为全球慕课三巨头的edX，Coursera和Udacity平台上线，掀起了慕课浪潮且风行全球。

在教育部的大力推动下，从2013年到2018年，我国的慕课快速发展并迅速壮大。2018年和2019年，教育部分别认定推出首批490门和第二批801门国家精品慕课。教育部相关部门2019年4月发布的《中国慕课行动宣言》显示，我国已有12 500门慕课上线，超过2亿人次在校大学生和社会学习者学习慕课，6 500万人次的大学生获得了慕课学分。

中国大学慕课于2014年上线，提供了上千余门课程。“会计学”作为管理类通识性课程，适宜采用慕课模式，但限于慕课模式的特点与传统教学方式差异较大，专门针对慕课的教材体系建设相对滞后。2017年7月，受中国人民大学教材建设委员会立项资助，专门编写本书。

为便于读者掌握和应用会计学基本知识和基本技能，本书在内容安排上改变多数教材以会计要素分章说明和介绍的设计，而按照一般企业从事的业务活动内容分章阐述，并以会计报表为导入，以会计基本方法和增值税基本原理为基础，将会计业务按照筹资业务、经营业务、投资业务、利润形成及利润分配等进行说明。最后以会计报表分析利用为目标，专门对会计报表的编制和分析进行介绍。

全书共分四篇十一章。第一篇是会计基础篇，第二篇是业务核算篇，第三篇是利润及利润分配篇，第四篇是会计报表篇。各篇主要内容和结构如下：

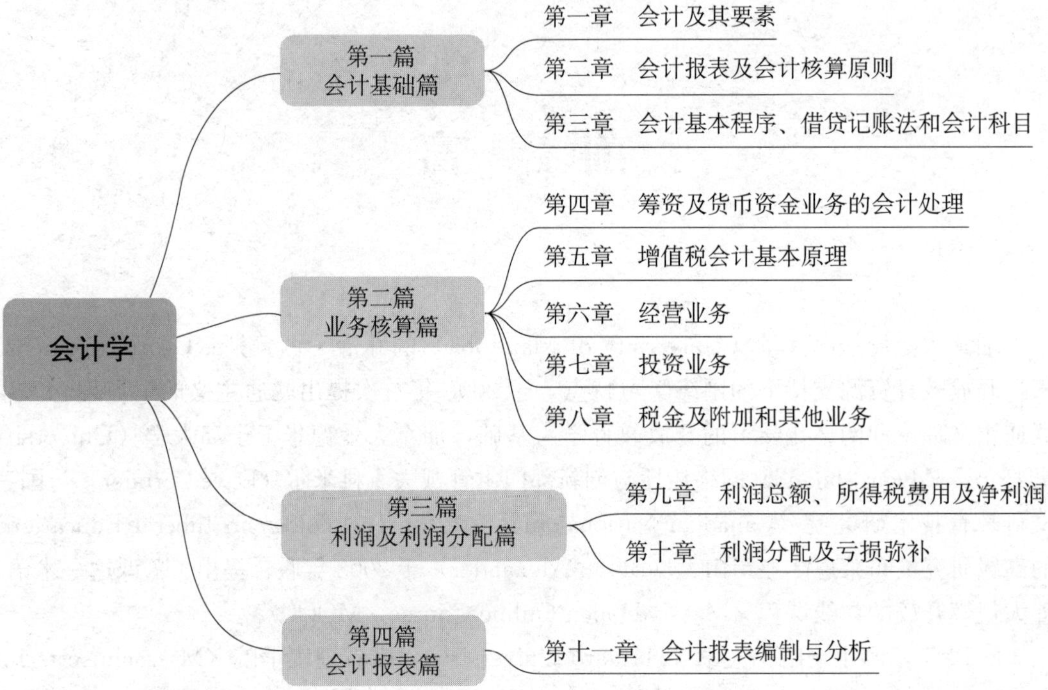

本书写作力图做到浅显易懂，适宜初学者学习会计基本知识，满足非会计人员掌握会计基本知识及阅读报表之需。本书内容安排尽力本着简易、实用、突出重点的原则，但限于编者水平，难免存在不足乃至错误之处，恳请读者不吝指正。

赵西卜

2021 年 1 月于明德商学楼

目　录

第一篇　会计基础篇

第二篇　业务核算篇

第三篇 利润及利润分配篇

第四篇 会计报表篇

第一篇　会计基础篇

第一章 会计及其要素

第一节 会计及其分支

一、什么是会计

会计是以货币为主要计量单位，核算和监督一个单位经济活动的一种经济管理工作。

对这个定义可以从以下几个方面来理解：一是会计是一项经济管理活动，它属于管理的范畴；二是会计对象是特定单位的经济活动；三是会计的基本职能是核算和监督，即对发生的经济业务以会计语言进行描述，并在此过程中对经济业务的合法性和合理性进行审查；四是会计以货币为主要计量单位，只有各项经济业务以货币为统一的计量单位才能汇总和记录，但货币并不是唯一的计量单位。

在会计学中，财务会计是最基本的、也是最早产生和发展起来的，狭义的会计仅指财务会计。财务会计目标是通过编制财务报告反映企业的财务状况、经营成果和现金流量，并对企业经营活动和财务收支进行监督。

会计作为一种特殊的经济管理活动，是经济管理的重要组成部分。会计与社会生产的发展水平及社会化程度有着不可分割的联系。会计的产生与发展离不开人们对生产活动进行管理的客观需要，会计是随着人类社会生产的发展和经济管理的需要而产生、发展并不断完善起来的。人类文明不断进步，社会经济活动不断革新，生产力不断提高，会计核算的内容、方法等也得到了较大发展，逐步由简单的计量与记录行为发展成为以货币单位综合地反映和监督经济活动过程的一种经济管理工作，并在参与单位经济管理决策、提高资源配置效率、促进经济健康发展方面发挥积极作用。

二、会计的三大分支

会计有三大分支：企业会计、非营利组织会计、政府会计。

企业会计（enterprise accounting）是会计的一个重要分支，是核算和监督企业的资金运用、资金来源以及企业的成本和费用，反映企业的财务状况、经营成果和现金流量，以改善经营管理、提高经济效益的一种管理活动。企业会计以企业为主体，以其经营资金运动为主要对象，旨在提高企业经济效益。与政府及非营利组织不同，企业的创立和存在，是以获取利润为其基本目的，因此，作为企业管理重要组成部分的企业会计，必然要为企业实现其获取利润的目的服务。

非营利组织会计（not-for-profit organization accounting，NPO accounting）是用于确认、计量、记录和报告各类非营利组织财务收支活动及其受托责任履行情况的一种专门会计。

政府会计（government accounting）是指用于确认、计量、记录和报告政府和事业单位（政府单位）财务收支活动及其受托责任履行情况的会计体系。

本书仅说明企业会计的一般原理和基本方法，不涉及非营利组织会计和政府会计。

三、企业会计的三大主要领域

企业会计有三大主要领域：财务会计、管理会计、成本会计。

财务会计（financial accounting）是指通过对企业已经完成的资金运动全面系统的核算与监督，以为外部与企业有经济利害关系的投资者、债权人和政府有关部门提供企业的财务状况与盈利能力等经济信息为主要目标而进行的经济管理活动。财务会计是现代企业的一项重要的基础性工作，通过一系列会计程序，提供决策有用的信息，并积极参与经营管理决策，提高企业经济效益，服务于市场经济的健康有序发展。

管理会计（management accounting）是从传统的会计系统中分离出来，着重为企业改善经营管理、提高经济效益的信息系统，是企业管理信息系统中决策支持系统的重要组成部分，进而形成了管理与会计交叉学科。管理会计又称内部报告会计，是以企业现在和未来的资金运动为对象，以提高经济效益为目的，以为企业内部管理者提供经营管理决策的科学依据为目标而进行的经济管理活动。

成本会计（cost accounting）是基于商品经济条件下，为求得产品的总成本和单位成本而核算全部生产成本和费用的会计活动。现代成本会计是以资产现行成本为计量属性，对相关会计对象进行确认、计量和报告的程序和方法，是以货币为主要计量单位，针对相关经济主体在产品生产经营过程中的成本耗费进行预测、决策、控制、核算、分析和考核的价值管理活动。现代成本会计是在继承传统成本会计基础上发展起来的一种新型会计理论，将成本核算与生产经营有效结合，具有高度的决策相关性。

本书主要说明企业财务会计的基本原理和一般方法，除特殊业务外（如企业产品成本核算），一般不涉及管理会计和成本会计。

第二节　会计要素

会计要素又称会计报表要素。在企业财务会计中，按照主要会计报表的内容构成，会计要素分为资产负债表要素和利润表要素。其中，资产负债表要素分为资产、负债和所有者权益，利润表要素分为收入、费用和利润。

一、资产负债表要素——资产、负债、所有者权益

（一）资产

资产是指企业过去的交易或者事项形成的、由企业拥有或者控制的、预期会给企业带来经济利益的资源。企业过去的交易或者事项包括购买、生产、建造行为或其他交易或者事项。预期在未来发生的交易或者事项不形成资产。由企业拥有或者控制，是指企业享有某项资源的所有权，或者虽然不享有某项资源的所有权，但该资源能被企业所控制。预期会给企业带来经济利益，是指直接或者间接导致现金和现金等价物流入企业的潜力。符合上述资产定义的资源，在同时满足以下条件时，确认为资产：

（1）与该资源有关的经济利益很可能流入企业；

（2）该资源的成本或者价值能够可靠地计量。

（二）负债

负债是指企业过去的交易或者事项形成的、预期会导致经济利益流出企业的现时义务。现时义务是指企业在现行条件下已承担的义务。未来发生的交易或者事项形成的义务，不属于现时义务，不应当确认为负债。符合上述负债定义的义务，在同时满足以下条件时，确认为负债：

（1）该义务有关的经济利益很可能流出企业；

（2）未来流出的经济利益的金额能够可靠地计量。

（三）所有者权益

所有者权益（又称股东权益）是指企业资产扣除负债后由所有者享有的剩余权益。所有者权益的来源包括所有者投入的资本、直接计入所有者权益的利得和损失、留存收益等。直接计入所有者权益的利得和损失，是指不应计入当期损益、会导致所有者权益发生增减变动的、与所有者投入资本或者向所有者分配利润无关的利得或者损失。利得是指由企业非日常活动所形成的、会导致所有者权益增加的、与所有者投入资本无关的经济利益的流入。损失是指企业非日常活动所发生的、会导致所有者权益减少的、与向所有者分配利润无关的经济利益的流出。所有者权益金额取决于资产和负债的计量。

（四）资产负债表要素间的关系

资产负债表三大要素间的关系为：

资产＝负债＋所有者权益

任何形式的企业，无论其规模大小，要进行正常的生产经营活动，都必须拥有一定数量和结构的资产，这是企业从事生产经营活动的物质基础和基本前提。而企业用于生产经营活动的资产，又是从一定的来源渠道取得的。企业的资产最初由投资者提供，但是，投资者的投入不是无偿的，而是拥有一定的要求权或求偿权，即在经济利益上要求从企业的生产经营活动中获得补偿、获取资本增值，此种对企业资产所拥有的要求权称为权益。如

此，资产和权益之间就存在着相互依存的关系，权益代表资产的来源，而资产则是权益的存在形态，资产与权益之间永远保持着这种数量上的平衡关系，即资产等于权益。企业资产的来源有两种：一种是由投资者提供的；另一种是由债权人提供的。权益的归属也就相应地分为两部分：一部分是债权人的权益；另一部分是投资者的权益。前者是通过借贷方式形成的权益，而后者则是通过投资方式形成的权益。在会计上，债权人的权益称为企业的“负债”，投资者的权益称为企业的“所有者权益”。由于负债和所有者权益共同构成了企业资产的来源，即负债和所有者权益之和等于权益。

根据上面的分析可知，在任一时点，企业的全部资产必定等于负债和所有者权益之和。这就是会计上所指的平衡。无论企业发生了什么业务，也不论企业发生的业务金额大小，在会计上永远体现为资产、负债和所有者权益之间的平衡关系。因此，“资产＝负债＋所有者权益”这一公式又称为会计恒等式。该平衡关系或会计恒等式可称得上是会计的“魂”，它既是资产负债表设计的理论基础，也是借贷记账法这一通用国际记账方法的理论基础。

二、利润表要素——收入、费用、利润

（一）收入

收入是指企业在日常活动中形成的、会导致所有者权益增加的、与所有者投入资本无关的经济利益的总流入。收入只有在经济利益很可能流入从而导致企业资产增加或者负债减少，并且经济利益的流入额能够可靠计量时才能予以确认。

（二）费用

费用是指企业在日常活动中发生的、会导致所有者权益减少的、与向所有者分配利润无关的经济利益的总流出。费用只有在经济利益很可能流出从而导致企业资产减少或者负债增加，并且经济利益的流出额能够可靠计量时才能予以确认。企业为生产产品、提供劳务等发生的可归属于产品成本、劳务成本等的费用，应当在确认产品销售收入、劳务收入等时，将已销售产品、已提供劳务的成本等计入当期损益。企业发生的支出不产生经济利益的，或者即使能够产生经济利益但不符合或者不再符合资产确认条件的，应当确认为费用，计入当期损益。企业发生的交易或者事项导致其承担了一项负债而又不确认为一项资产的，应当在发生时确认为费用，计入当期损益。

（三）利润

利润是指企业在一定会计期间的经营成果。利润包括收入减去费用后的净额、直接计入当期利润的利得和损失等。直接计入当期利润的利得和损失，是指应当计入当期损益、会导致所有者权益发生增减变动的、与所有者投入资本或者向所有者分配利润无关的利得或者损失。利润金额取决于收入和费用、直接计入当期利润的利得和损失金额的计量。

（四）利润表要素间的关系

利润表三大要素间的关系为：

收入－费用＝利润

企业经营的目标就是从生产经营活动中获取收入，实现盈利。企业在取得收入的同时，必然要发生相应的费用。企业将一定会计期间所形成的全部收入与发生的全部费用相比较，其差额就是企业在这一期间从事生产经营活动的成果。如果收入大于费用，其差额就是利润；反之，就是亏损。这一会计等式表明，企业在一定会计期间的经营成果，是通过取得相应的收入扣除为取得该收入耗费费用后的经营结果。

第三节　企业及其类型

一、什么是企业

企业一般是指以营利为目的，运用各种生产要素（土地、劳动力、资本、技术和企业家才能等），向市场提供商品或服务，实行自主经营、自负盈亏、独立核算的法人或其他社会经济组织。通常情况下，企业一般以“××公司”的称谓命名。

二、企业的主要类型

根据《中华人民共和国公司法》的相关规定，企业包括独资企业、合伙企业和公司制企业。

（一）独资企业

独资企业是由一个自然人出资并由其拥有和经营的企业。独资企业由个人出资经营、归个人所有和控制、由个人承担经营风险和享有全部经营收益。以独资经营方式经营的独资企业有无限的经济责任，破产时债权人可以扣留业主的个人财产。

独资企业的优点是设立简单、经营灵活。缺点是：企业主对企业的债务负无限责任，当企业的资产不足以清偿其债务时，企业主以其个人财产偿付企业债务，不适宜风险大的行业；企业的规模有限，资金来源有限；一般情况下，独资企业的存续完全取决于企业主个人的得失安危；企业的寿命有限。

（二）合伙企业

合伙企业是指由各合伙人订立合伙协议，共同出资、共同经营、共同享有收益、共担风险，并对企业债务承担无限连带责任的营利性组织。合伙企业分为普通合伙企业和有限合伙企业。普通合伙企业由普通合伙人组成，合伙人对合伙企业债务承担无限连带责任。有限合伙企业由普通合伙人和有限合伙人组成，普通合伙人对合伙企业债务承担无限连带责任，有限合伙人以其认缴的出资额为限对合伙企业债务承担责任。

（三）公司制企业

公司制企业是指按照法律规定，由法定人数以上的投资者（或股东）投资建立，自主经营、自负盈亏，具有法人资格的经济组织。目前，我国的公司制企业包括有限责任公司和股份有限公司两种形式。当企业采用公司制的组织形式时，所有权主体和经营权主体一般发生分离，所有者主要参与企业重大决策，而日常的生产经营活动和理财活动主要由经营者进行决策。

不同类型的企业因其业务特点和承担的责任不同，其会计报表格式、内容及相关会计处理方法也不尽相同。另外，企业大致可以分为制造业、流通业和服务业三大类，每类企业的业务内容也有很大差别，获取利润的主要方式也不尽一致，如图1-1所示。

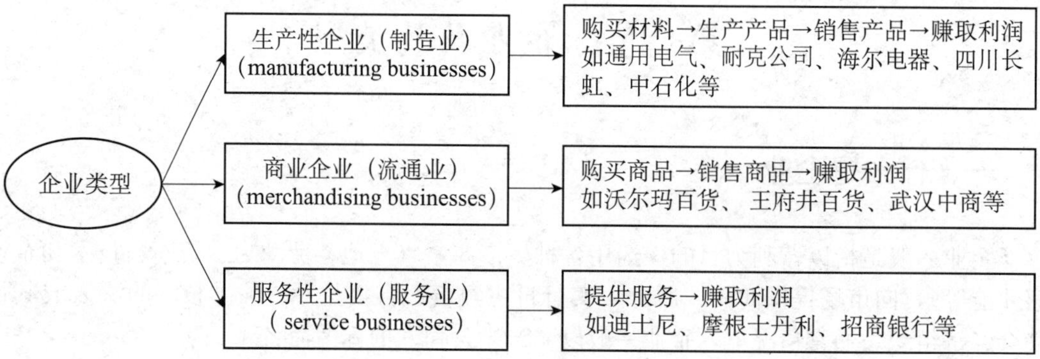

图1-1 企业类型及业务内容

本书仅对采用注册资本实缴登记制①的公司制企业中的制造业企业的一般业务进行说明，不涉及独资企业、合伙企业，也不涉及银行及非银行金融机构等特殊行业。

对于一般制造业企业的经济业务核算，也仅就其一般性筹资、经营和投资业务的会计核算进行说明。其主要内容如图1-2所示。

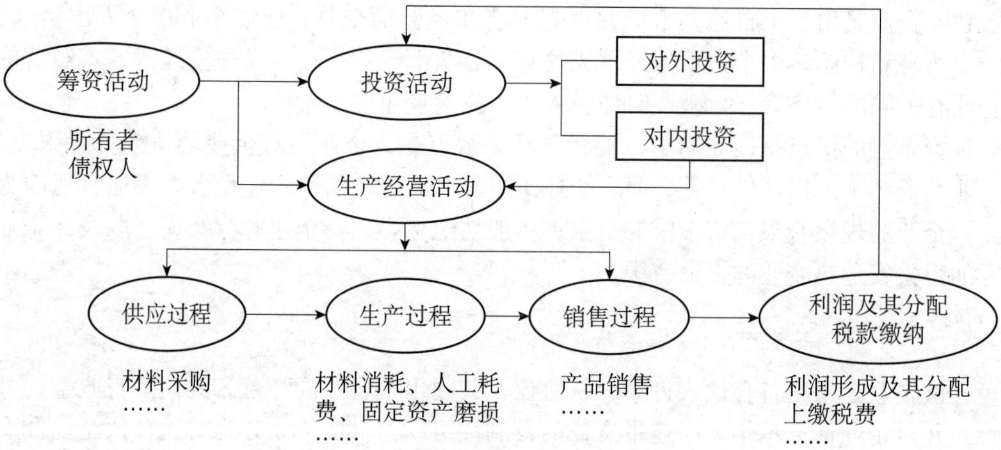

图1-2 一般制造业企业的会计核算

① 在注册资本实缴登记制下，企业营业执照上的注册资本是多少，该公司的银行验资账户上就必须有相应数额的资金，公司登记的注册资本和股东实缴的总资本相符。2014年2月7日，国务院以国发〔2014〕7号印发《注册资本登记制度改革方案》，公司注册实行认缴登记制，但根据《注册资本登记制度改革方案》的要求，有27个行业暂不实行注册资本认缴登记制。

第二章 会计报表及会计核算原则

第一节 会计报表的一般格式和项目分类

一、会计报表的一般格式和内容

会计报表是了解和掌握会计基本方法的基础，也是财务会计的最终产品。按照相关规定和要求，目前，我国采用与国际会计标准基本一致的会计报表结构和格式。

会计报表主表有四张，分别是资产负债表（blance sheet，又称财务状况表）、利润表（income statement，又称综合收益表）、现金流量表（cash flow statement）和所有者权益变动表（statement of changes in owner's equity）。

四张报表的一般格式如表 2-1～表 2-4 所示。

表 2-1 资产负债表

会企 01 表

编制单位：A 公司　　20×1 年 12 月 31 日　　单位：万元

资产	期末余额	上年年末余额	负债和所有者权益（或股东权益）	期末余额	上年年末余额
流动资产：			流动负债：		
货币资金	3 250	2 100	短期借款	2 400	2 500
交易性金融资产	2 500	900	交易性金融负债	1 200	
衍生金融资产			衍生金融负债		
应收票据	350		应付票据	400	
应收账款	4 000	3 060	应付账款	4 000	3 600
应收款项融资			预收款项	1 950	650
预付款项	1 250	440	合同负债		
其他应收款	650		应付职工薪酬	800	800
存货	9 000	11 000	应交税费	700	600
合同资产			其他应付款	2 450	2 000

续表

资产	期末余额	上年年末余额	负债和所有者权益（或股东权益）	期末余额	上年年末余额
持有待售资产			持有待售负债		
一年内到期的非流动资产			一年内到期的非流动负债		
其他流动资产	500	600	其他流动负债	450	350
流动资产合计	21 500	18 100	流动负债合计	14 350	10 500
非流动资产：			非流动负债：		
债权投资	2 000		长期借款	2 400	1 500
其他债权投资			应付债券	3 500	1 000
长期应收款			其中：优先股		
长期股权投资			永续债		
其他权益工具投资	900	700	租赁负债		
其他非流动金融资产			长期应付款		
投资性房地产			预计负债	100	
固定资产	15 800	12 000	递延收益		
在建工程	1 200	1 000	递延所得税负债	700	1 000
生产性生物资产			其他非流动负债		
油气资产			非流动负债合计	6 700	3 500
使用权资产			负债合计	21 050	14 000
无形资产	900	800	所有者权益（或股东权益）：		
开发支出			实收资本（或股本）	10 000	10 000
商誉			其他权益工具		
长期待摊费用			其中：优先股		
递延所得税资产		100	永续债		
其他非流动资产			资本公积	6 700	6 700
非流动资产合计	20 800	14 600	减：库存股		
			其他综合收益	150	
			专项储备		
			盈余公积	1 300	300
			未分配利润	3 100	1 700
			所有者权益（或股东权益）合计	21 250	18 700
资产总计	42 300	32 700	负债和所有者权益（或股东权益）总计	42 300	32 700

表 2-2 利润表

会企 02 表

编制单位：A 公司　　20×1 年 1 月 1 日—20×1 年 12 月 31 日　　单位：万元

项目	本期金额	上期金额（略）
一、营业收入	47 400	
减：营业成本	37 500	
税金及附加	500	
销售费用	1 700	
管理费用	1 950	
研发费用	200	
财务费用	400	
其中：利息费用	420	
利息收入	20	
加：其他收益		
投资收益（损失以“—”号填列）	100	
其中：对联营企业和合营企业的投资收益		
以摊余成本计量的金融资产终止确认收益（损失以“—”号填列）		
净敞口套期收益（损失以“—”号填列）		
公允价值变动收益（损失以“—”号填列）		
信用减值损失（损失以“—”号填列）	400	
资产减值损失（损失以“—”号填列）	—150	
资产处置收益（损失以“—”号填列）	700	
二、营业利润（亏损以“—”号填列）	6 200	
加：营业外收入	0	
减：营业外支出	0	
三、利润总额（亏损总额以“—”号填列）	6 200	
减：所得税费用	1 550	
四、净利润（净亏损以“—”号填列）	4 650	
（一）持续经营净利润（净亏损以“—”号填列）	4 650	
（二）终止经营净利润（净亏损以“—”号填列）		
五、其他综合收益的税后净额	150	
（一）不能重分进损益的其他综合收益	150	
1. 重新计量设定受益计划变动额		
2. 权益法下不能转损益的其他综合收益		
3. 其他权益工具投资公允价值变动	150	
4. 企业自身信用风险公允价值变动		
……		
（二）将重分类进损益的其他综合收益		
1. 权益法下可转损益的其他综合收益		

续表

项目	本期金额	上期金额（略）
2. 其他债权投资公允价值变动		
3. 金融资产重分类计入其他综合收益的金额		
4. 其他债权投资信用减值准备		
5. 现金流量套期储备		
6. 外币财务报表折算差额		
……		
六、综合收益总额	4 800	
七、每股收益		
（一）基本每股收益	0.465	
（二）稀释每股收益	0.465	

表 2-3 现金流量表

201×年 1 月 1 日至 201×年 12 月 31 日　　会企 03 表

编制单位：A 公司　　单位：万元

项目	本期金额	上期金额（略）
一、经营活动产生的现金流量：		
销售商品、提供劳务收到的现金	45 000	
收到的税费返还		
收到其他与经营活动有关的现金		
经营活动现金流入小计	45 000	
购买商品、接受劳务支付的现金	36 600	
支付给职工以及为职工支付的现金	4 500	
支付的各项税费	1 775	
支付其他与经营活动有关的现金		
经营活动现金流出小计	42 875	
经营活动产生的现金流量净额	2 125	
二、投资活动产生的现金流量：		
收回投资收到的现金		
取得投资收益收到的现金		
处置固定资产、无形资产和其他长期资产收回的现金净额		
处置子公司及其他营业单位收到的现金净额		
收到其他与投资活动有关的现金		
投资活动现金流入小计		
购建固定资产、无形资产和其他长期资产支付的现金	225	
投资支付的现金		

续表

项目	本期金额	上期金额（略）
取得子公司及其他营业单位支付的现金净额		
支付其他与投资活动有关的现金		
投资活动现金流出小计	225	
投资活动产生的现金流量净额	−225	
三、筹资活动产生的现金流量：		
吸收投资收到的现金		
取得借款收到的现金		
收到其他与筹资活动有关的现金		
筹资活动现金流入小计		
偿还债务支付的现金	750	
分配股利、利润或偿付利息支付的现金		
支付其他与筹资活动有关的现金		
筹资活动现金流出小计	750	
筹资活动产生的现金流量净额	−750	
四、汇率变动对现金及现金等价物的影响		
五、现金及现金等价物净增加额	1 150	
加：期初现金及现金等价物余额	2 100	
六、期末现金及现金等价物余额	3 250	

二、会计报表项目的分类

（一）资产负债表项目的分类

资产负债表（财务状况表）整体上按照会计要素分为三类——资产、负债和所有者权益。其中，资产分为流动资产和非流动资产，负债分为流动负债和非流动负债。

流动资产项目主要是在一年或长于一年的一个营业周期（如大型货轮制造企业的营业周期一般长于一年）内可以变现或者耗用的资产，流动负债项目主要是在一年内偿还的项目。流动项目以外的项目统称为非流动项目。之所以这样划分，主要原因在于通过流动项目加强企业营运和债务风险管理。因为企业近期的持续经营能力，主要看其流动负债和流动资产的匹配情况，如果流动资产不足以支撑流动负债，企业将会面临债务清偿风险乃至破产清算风险。

（二）利润表项目的分类

利润表（综合收益表）整体上按照会计要素分为三类——收入、费用和利润。但为了详细了解企业利润的构成及各项经济业务对企业利润的贡献及其影响，一般按构成内容分为营业利润、利润总额、净利润、其他综合收益的税后净额和综合收益总额。就一般企业

表 2-4　所有者权益变动表

会企 04 表

编制单位：A 公司　　201×年 1 月 1 日至 201×年 12 月 31 日　　单位：万元

项目	本年金额											上年金额（略）
	实收资本（或股本）	其他权益工具			资本公积	减：库存股	其他综合收益	专项储备	盈余公积	未分配利润	所有者权益合计	
		优先股	永续债	其他								
一、上年年末余额	10 000				4 000				300	1 700	16 000	
加：会计政策变更												
前期差错更正												
其他					2 700						2 700	
二、本年年初余额	10 000				6 700				300	1 700	18 700	
三、本年增减变动金额（减少以"—"号填列）												
（一）综合收益总额							150			4 650	4 800	
（二）所有者投入和减少资本												
1. 所有者投入的普通股												
2. 其他权益工具持有者投入资本												
3. 股份支付计入所有者权益的金额												
4. 其他												
（三）利润分配												
1. 提取盈余公积									1 000	−1 000		
2. 对所有者（或股东）的分配										−2 250	−2 250	
3. 其他												
（四）所有者权益内部结构												
1. 资本公积转增资本（或股本）												

续表

项目	本年金额											上年金额（略）
	实收资本（或股本）	其他权益工具			资本公积	减：库存股	其他综合收益	专项储备	盈余公积	未分配利润	所有者权益合计	
		优先股	永续债	其他								
2. 盈余公积转增资本（或股本）												
3. 盈余公积弥补亏损												
4. 设定受益计划变动额结转留存收益												
5. 其他综合收益结转留存收益												
6. 其他												
四、本年年末余额	10 000				6 700		150		1 300	3 100	21 250	

而言，这几个项目之间的关系分别是：

营业利润＝营业收入－营业成本－税金及附加－销售费用－管理费用－研发费用－财务费用＋其他收益＋投资收益＋公允价值变动收益－信用减值损失－资产减值损失＋资产处置收益

利润总额＝营业利润＋营业外收入－营业外支出

净利润＝利润总额－所得税费用

综合收益总额＝净利润＋其他综合收益的税后净额

这样的安排有利于通过利润表项目了解企业利润的构成及影响企业利润的主要因素。

（三）现金流量表项目的分类

现金流量表从整体上分为现金流入、现金流出和现金结存三大类。为便于了解企业现金管理的手段、途径和方法，一般按照企业从事的业务活动内容，现金净流量分别按照业务活动分类为经营活动现金净流量、投资活动现金净流量和筹资活动现金净流量。

经营活动现金净流量＝经营活动现金流入量－经营活动现金流出量

投资活动现金净流量＝投资活动现金流入量－投资活动现金流出量

筹资活动现金净流量＝筹资活动现金流入量－筹资活动现金流出量

现金流量表中所指的“现金”包括现金及现金等价物。其中，现金主要指资产负债表中的货币资金。现金等价物（cash equivalents）是指符合以下两个条件的流动性很强的短期投资资产：(1) 很容易就能兑换成固定数量的现金；(2) 很快就会到期，因此其市价受利率变动影响不大，如三个月内到期的债券投资。为便于大家理解现金流量表，本书不涉及现金等价物问题。

就一般企业而言，企业期末现金流量表中的现金及现金等价物结存余额与现金流量之间的关系是：

期末现金及现金等价物余额＝经营活动现金净流量＋投资活动现金净流量＋筹资活动现金净流量＋期初现金及现金等价物余额

（四）所有者权益变动表项目的分类

企业的所有者权益是资产扣除负债以后的余额，或者说是企业的净资产。为便于了解企业所有者的构成及其变化，一般将所有者权益分为六大部分：实收资本（或股本）、其他权益工具、资本公积、其他综合收益、盈余公积和未分配利润。对于某些特殊行业或特定企业，除一般的所有者权益项目外，还可能有其他特殊项目，如高危企业的专项储备、金融机构的一般风险准备等。

三、会计报表信息的生成理念及报表之间的钩稽关系

（一）资产负债观与收入费用观

长期以来，人们对于如何生成和报告企业的资产、负债、所有者权益、收入、费用和

利润，曾经历过观念的改变和更新。历经的观念从过去的收入费用观为主，到目前的资产负债观为主。

收入费用观主要强调收入和费用的计量，进而通过收入和费用确定企业的利润。这种方式下，资产和负债一般以过去实际发生的交易和事项为依据进行记录，很少或几乎不考虑未来可能发生或目前尚未实际发生的事项，而且资产和负债一般以历史成本计量。

资产负债观主要强调资产和负债的计量，通过资产和负债的计量确定利润（综合收益)。这种方法下，核算资产和负债除考虑过去实际发生的交易或事项外，还要考虑交易或事项对未来的公司价值及价值创造的影响，而且能随时交易或偿还的资产和负债多以现值或公允价值计量。

下面举两个简单例子大致说明一下收入费用观和资产负债观的区别。

例 2-1 20×1 年 1 月 1 日，A 公司以 500 万元通过二级市场购买了某家公司的股票，公司管理该股票的业务模式是通过二级市场择机售出股票获利。到 20×1 年 12 月 31 日，该股票市场价值上升到 600 万元。20×2 年 3 月 4 日，A 公司认为该股票受多方面不利因素影响，未来价格可能会下跌，于当日将该股票全部售出，共获利 200 万元。

在收入费用观理念下，A 公司 20×1 年 1 月 1 日购买股票的价值是 500 万元，直到 20×1 年 12 月 31 日该股票仍未出售，认为该股票价值仍是 500 万元，20×1 年公司并未因持有股票而获利。20×2 年 3 月 4 日，A 公司将该股票全部出售，取得出售收入 700 万元，扣除购买该股票的成本 500 万元，获得利润 200 万元。

在资产负债观理念下，A 公司尽管在 20×1 年 12 月 31 日未将股票出售，但认为该股票的价值已经不是 500 万元而是 600 万元，直接将增值 100 万元作为公司利润对待（在会计报表中以公允价值变动收益列示，以区分于实际出售股票获得的收益)。20×2 年 3 月 4 日，A 公司将持有的股票以 700 万元的价格出售，认为当期获利金额为 100 万元，也就是将价值是 600 万元股票以 700 万元的价格出售，获利 100 万元。

该例中，在收入费用观理念下，A 公司于 20×2 年 3 月确认买卖股票的利润 200 万元；在资产负债观理念下，A 公司于 20×1 年确认股票持有利得 100 万元，于 20×2 年 3 月确认股票出售利润 100 万元。

例 2-2 20×1 年 12 月，B 公司销售新开发上市的电子产品，销售条款中明确 B 公司对销售的该产品实行三包政策，承诺在三年保质期内，若因质量问题导致产品使用不正常，则为客户提供免费维修服务。20×1 年 12 月销售该产品的销售收入为 5 000 万元，销售该产品发生的销售成本为 1 200 万元，为销售该产品发生的广告、促销活动等费用为 800 万元。根据以往数据资料，测算未来三年该产品将发生合理维修费用 200 万元。20×3 年，B 公司实际支付 20×1 年销售的电子产品维修费用 200 万元。

在收入费用观理念下，B 公司 20×1 年销售该电子产品的销售收入为 5 000 万元，发生的销售成本为 1 200 万元，广告及促销活动费用（在会计报表中作为销售费用反映）为 800 万元，获得利润 3 000 万元。假定 B 公司 20×3 年无其他业务发生，将发生的维修费用 200 万元作为销售费用处理，则当年发生亏损 200 万元。

在资产负债观理念下，B 公司 20×1 年 12 月销售该产品的销售收入为 5 000 万元，销售该产品发生的销售成本为1 200万元，为销售该产品发生的广告、促销活动等费用为800万元，同时因销售产品需在未来支付的维修费用200万元也应作为销售费用处理，B公司获得利润2 800万元。20×3年实际支付维修费用200万元时，相当于偿还20×1年销售产品欠下的维修费用，对20×3年利润无影响。

通过例2-2，可以将资产负债观简单理解为：基于目前现实，同时考虑已经发生的业务、事项对未来的影响。

本书所列会计报表是以资产负债观为主编制和生成的。

（二）各报表之间的钩稽关系

资产负债观意味着判断分析企业未来价值创造能力主要应依据企业拥有的资产和承担的负债。因此，在四张主要会计报表中，资产负债表应是最重要的报表，所有者权益变动表应是企业最重要的价值体现，其他报表是对资产负债表相关内容的详细解释和说明。

各主要报表之间的钩稽关系可描述为：

（1）资产负债表的资产反映了企业拥有的现实资源，负债反映了企业承担的现实相关义务，所有者权益的变化反映了企业价值的变动。

（2）所有者权益变动表详细解释和说明了是什么原因导致企业所有者权益发生了变动，是吸收了投资者投入资本还是通过业务经营获得了利润（综合收益），企业对获得的利润（综合收益）是如何分配的。

（3）利润表详细解释和说明了企业获得综合收益的途径和方法。

（4）现金管理是每个企业进行财务管理的重点和关键，现金流量表详细解释和说明了企业管理和运用现金的手段及方法。

概括起来，四张报表之间的钩稽关系是：资产负债表是核心报表，所有者权益变动表解释和说明了资产负债表中所有者权益变化的原因，利润表详细解释和说明了所有者权益变动表中综合收益是如何获得的，现金流量表解释和说明了资产负债表中的现金及现金等价物是通过什么方式和手段产生的。

以表2-1～表2-4为例，具体说明报表之间的钩稽关系如下：

（1）通过表2-1可知，A公司20×1年末所有者权益为21 250万元，比年初所有者权益18 700万元增加了2 550万元。其中，其他综合收益年初为0，年末为150万元，增加150万元；盈余公积年初为300万元，年末为1 300万元，增加1 000万元；未分配利润年初为1 700万元，年末为3 100万元，增加1 400万元。

（2）通过表2-4可知，A公司所有者权益发生变化的原因是：

1）会计对资本公积进行调整增加2 700万元，导致年末为6 700万元；

2）20×1年A公司获得综合收益4 800万元，其中利润4 650万元，其他综合收益150万元；

3）20×1年A公司提取盈余公积1 000万元，向股东分配利润2 250万元。

以上业务或事项使得A公司20×1年末的资本公积增加2 700万元，盈余公积增加1 000万元，未分配利润增加1 400（4 650－1 000－2 250）万元。

（3）通过表 2-2 可知，A 公司 20×1 年获得 4 650 万元的利润。其中，公司获得利润总额 6 200 万元，发生所得税费用 1 550 万元。获得 150 万元的其他综合收益是由于 A 公司其他权益工具投资公允价值变动导致。

（4）通过表 2-3 可知，A 公司 20×1 年经营活动导致现金净流量增加 2 125 万元，投资活动导致现金净流量减少 225 万元，筹资活动导致现金净流量减少 750 万元，从而使 A 公司货币资金在年初 2 100 万元基础上净增加 1 150 万元，年末为 3 250 万元。

第二节　会计核算前提和原则

一、会计核算前提

会计核算前提又称会计核算的假设或概念，是指会计核算方法必须基于这些条件，否则就不应采用常用的会计原则和方法。这些假设基础或前提一般包括下述几个方面。

（一）会计主体（business）

会计主体或称会计实体，是指会计工作为之服务的特定单位或组织。会计主体是指会计确认、计量和报告的空间范围。会计要为特定的主体进行会计核算。就企业财务会计而言，在会计主体假设下，企业应当对其本身发生的交易或事项进行确认、计量和报告，反映企业本身所从事的各项生产经营活动。应注意，会计主体不同于法律主体，一般来说，法律主体必然是会计主体，会计主体不一定是法律主体。

（二）持续经营（going concern）

企业会计确认、计量和报告应当以持续经营为前提。持续经营是指会计主体的生产经营活动将持续下去，在可以预见的未来，会计主体不会因清算、解散、倒闭而不复存在。持续经营假设明确了会计核算的时间范围和内容（资金正常运动期间发生的经济活动）。

（三）会计分期（time period）

会计分期是指将会计主体持续不断的经营活动人为地划分为若干连续、长短相同的期间。会计分期假设要求分期结算账目、编制财务会计报告、提供会计信息，确定了会计核算的基本程序，明确了何时记账、算账和报账等问题。会计期间分为年度、半年度、季度和月度，一般按公历起讫日期确定。半年度、季度和月度称为会计中期。会计分期基本假设对会计核算有着重要影响。由于会计分期，才产生了当期与其他期间的差别，从而形成了权责发生制和收付实现制不同的记账基础，进而出现了应收、应付、预提、待摊等会计处理方法。

（四）货币计量（monetary）

货币计量是指会计主体在会计核算过程中将货币作为主要计量单位（辅以实物量、劳动工时等计量单位），反映会计主体的生产经营活动。货币是商品的一般等价物，能用以计量所有会计要素，便于综合、比较。因此，为全面反映企业的生产经营、业务收支等情况，会计核算就选择了货币作为计量单位。在货币计量前提下，我国的会计核算应以人民币作为记账本位币。业务收支以外币为主的企业也可选择某种外币作为记账本位币，但向外编报财务报告时，应折算为人民币反映。

（五）权责发生制（accrual）

企业应当以权责发生制为基础进行会计确认、计量和报告。

在权责发生制基础下，费用或收入是否计入某会计期间，是依据收入是否归属该期间的成果、费用是否由该期间负担来确定，而不是依据是否收到现金或支出现金为基础来确定。企业向客户销售货物，在客户控制企业销售的货物时，企业就应确认收入，但实际收款可能在客户控制货物前（即存在合同负债或与预收账款），也可能在客户控制货物后（即存在应收账款）。

以上假设基础或前提中，国际上认为最核心的是持续经营和权责发生制。

二、会计核算原则

会计核算原则又称会计信息质量特征或会计信息质量要求（qualitative characteristics of accounting information）。一般地，会计信息质量要求主要包括以下八项。

（一）可靠性

企业应当以实际发生的交易或者事项为依据进行会计确认、计量和报告，如实反映符合确认和计量要求的各项会计要素及其他相关信息，保证会计信息真实可靠、内容完整。

（二）有用性

企业提供的会计信息应当与财务会计报告使用者的经济决策需要相关，有助于财务会计报告使用者对企业过去、现在或者未来的情况做出评价或者预测。因为不同的财务会计报告使用者各自所进行的经济决策有所不同，他们使用会计信息的目的不同。如果会计核算的信息不符合财务会计报告使用者的要求，即使是客观真实地反映了企业经营情况的会计信息，也毫无价值。

（三）清晰性

企业提供的会计信息应当清晰明了，便于财务会计报告使用者理解和使用。会计记录应当准确、清晰，填制会计凭证、登记会计账簿必须做到依据合法、账户对应关系清楚、文字摘要完整；在编制会计报表时，项目钩稽关系清楚、项目完整、数字准确。

（四）可比性

企业提供的会计信息应当具有可比性。同一企业不同时期发生的相同或者相似的交易或者事项，应当采用一致的会计政策，不得随意变更。确需变更的，应当在附注中说明。不同企业发生的相同或者相似的交易或者事项，应当采用规定的会计政策，确保会计信息口径一致、相互可比。

（五）实质重于形式

企业应当按照交易或者事项的经济实质进行会计确认、计量和报告，不应仅以交易或者事项的法律形式为依据。例如，租入的资产，虽然从法律形式上看承租企业并不拥有其所有权，但从其经济实质来看，企业能够控制其产生的未来经济利益，因此，会计核算上将租入的资产视为承租企业的一项资产进行核算。

（六）重要性

企业提供的会计信息应当反映与企业财务状况、经营成果和现金流量等有关的所有重要交易或者事项。重要性原则与会计信息的成本效益直接相关。在评价某项目的重要性时，很大程度上取决于会计人员的职业判断，一般来说，可以从“质”和“量”两个方面综合考虑。

（七）谨慎性

谨慎性又称稳健性，企业对交易或者事项进行会计确认、计量和报告应当保持应有的谨慎，不应高估资产或者收益、低估负债或者费用。例如，为避免损失发生时企业的正常生产经营活动受到严重影响，企业必须对面临的风险和可能发生的损失及费用做出合理预计。需要注意的是，谨慎性原则并不意味着企业可以任意设置各种秘密准备；否则，就属于滥用谨慎性原则，会损害可靠性。

（八）及时性

企业对于已经发生的交易或者事项，应当及时进行会计确认、计量和报告，不得提前或者延后。及时性要求在经济业务发生后，及时收集整理各种原始单据或者凭证；按照《企业会计准则》的规定，及时对经济交易或事项进行确认、计量，并编制财务报告。

三、会计准则

会计准则是规范会计行为的基本原则和方法。会计信息是否达到了信息质量要求，其衡量标准就是会计准则。我国的企业会计准则与国际财务报告准则（IFRS）基本趋同，截至 2021 年 1 月 31 日，我国的企业会计规范主要包括一项基本准则、42 项具体会计准则、14 项会计准则解释和若干项规定、通知等。其中，42 项具体会计准则的具体构成如表 2 - 5 所示。

表 2-5　42 项具体会计准则

序号	企业具体会计准则	序号	企业具体会计准则
1	存货	22	金融工具确认和计量
2	长期股权投资	23	金融资产转移
3	投资性房地产	24	套期保值
4	固定资产	25	原保险合同
5	生物资产	26	再保险合同
6	无形资产	27	石油天然气开采
7	非货币性资产交换	28	会计政策、会计估计变更和差错更正
8	资产减值	29	资产负债表日后事项
9	职工薪酬	30	财务报表列报
10	企业年金基金	31	现金流量表
11	股份支付	32	中期财务报告
12	债务重组	33	合并财务报表
13	或有事项	34	每股收益
14	收入	35	分部报告
15	建造合同	36	关联方披露
16	政府补助	37	金融工具列报
17	借款费用	38	首次执行企业会计准则
18	所得税	39	公允价值计量
19	外币折算	40	合营安排
20	企业合并	41	在其他主体中权益的披露
21	租赁	42	持有待售的非流动资产、处置组和终止经营

第三章 会计基本程序、借贷记账法和会计科目

第一节 会计基本程序

一、会计基本程序概述

会计基本程序是指生成会计信息的基本步骤或过程。在财务会计领域，会计基本程序一般包括确认（recognition）、计量（measurement）、记录（recording）、报告（reporting）和披露（disclosure）。其中：

（1）确认是按照规定的会计标准和方法，辨认和确定经济信息是否作为会计信息进行正式记录并列入财务报表。

（2）计量是在会计确认的过程中，根据被计量对象的计量属性，选择运用一定的计量基础和计量单位，确定应记录相应项目的金额。

（3）记录是指对经过会计确认、计量的经济业务，采用一定的方法记录下来，也就是记账。对于经过确认可以进入会计信息系统处理的每项数据，一般需要运用预先设计的账户和有关文字及金额，按复式记账规则的要求在账簿上加以登记（或由会计系统自动生成）。

（4）报告是指将按照会计标准要求进行确认、计量、记录的资产、负债、所有者权益、收入、费用和利润的数据编制成财务报表，向利益相关者提供反映企业财务状况、经营情况和现金流量的报告。

（5）披露是指企业将直接或间接地影响使用者决策的重要会计信息及与理解会计信息相关的非会计信息对外公开。会计信息披露质量的关键在于披露是否真实可靠、披露是否充分及时等。

在实务工作中，以上五个程序一般是通过三项工作来完成的，即填制凭证、登记账簿和编制报表。

填制凭证一般是指根据实际发生或完成的业务或事项填制记账凭证，以便根据记账凭证登记账簿。填制凭证的过程实际上就是会计确认和计量的过程。填制记账凭证的依据是原始凭证，原始凭证是用以表示经济业务已经发生或已经完成的原始证明，如发票、完税证明、工资单、领料单、成本计算单等。

登记账簿是根据审核后的记账凭证将发生的经济业务或事项按规范的方法记入账簿，

简称为过账。

编制报表是根据账簿记录（过账后的数据记录）生成报表以备报告并按规定进行信息披露。

二、会计基本程序简例

业务3-1 20×1年12月1日，甲公司成立，股东以银行存款投入注册资本30 000元。会计部门根据公司的验资证明、注册资本的银行入账通知和公司成立的批复文件等原始单据，编制如下记账凭证：

记　账　凭　证　　　　凭证号：1

20×1年12月1日　　　　附件 3 张

摘　要	总账科目	明细科目	√	借方金额										√	贷方金额									
				千	百	十	万	千	百	十	元	角	分		千	百	十	万	千	百	十	元	角	分
公司成立，收到注册资本	银行存款						3	0	0	0	0	0	0											
	实收资本																	3	0	0	0	0	0	0
合　计							3	0	0	0	0	0	0					3	0	0	0	0	0	0

会计主管：宋福祈　　记账人：吴担忧　　审核人：孙发财　　填制人：赵有钱

业务3-2 20×1年12月3日，甲公司从银行提取现金2 000元备用。会计部门根据支票存根等原始单据，编制如下记账凭证：

记　账　凭　证　　　　凭证号：2

20×1年12月3日　　　　附件 1 张

摘　要	总账科目	明细科目	√	借方金额										√	贷方金额									
				千	百	十	万	千	百	十	元	角	分		千	百	十	万	千	百	十	元	角	分
提取现金备用	库存现金							2	0	0	0	0	0											
	银行存款																		2	0	0	0	0	0
合　计								2	0	0	0	0	0						2	0	0	0	0	0

会计主管：宋福祈　　记账人：吴担忧　　审核人：孙发财　　填制人：赵有钱

业务3-3 20×1年12月5日，甲公司以银行存款购买商品10 000元（假定不考虑增值税），商品已验收入库。会计部门根据购货发票、支票存根、商品入库单等原始单据，编制如下记账凭证：

记　账　凭　证　　　　凭证号：3

20×1 年 12 月 5 日　　　　附件　3　张

摘　要	总账科目	明细科目	√	借方金额（千百十万千百十元角分）	√	贷方金额（千百十万千百十元角分）
购买商品并入库	库存商品			1000000		
	银行存款					1000000
合　计				1000000		100000

会计主管：宋福祈　　记账人：吴担忧　　审核人：孙发财　　填制人：赵有钱

业务 3-4　20×1 年 12 月 25 日，甲公司将商品以 15 000 元价格（假定不考虑增值税）全部出售，收到支票存入银行。会计部门根据销售发票、销售合同、银行存款入账通知等，编制如下记账凭证：

记　账　凭　证　　　　凭证号：4

20×1 年 12 月 25 日　　　　附件　3　张

摘　要	总账科目	明细科目	√	借方金额（千百十万千百十元角分）	√	贷方金额（千百十万千百十元角分）
销售商品并收款	银行存款			1500000		
	主营业务收入					1500000
合　计				1500000		1500000

会计主管：宋福祈　　记账人：吴担忧　　审核人：孙发财　　填制人：赵有钱

业务 3-5　20×1 年 12 月 25 日，甲公司根据销售商品的出库单、发货通知等原始单据，编制如下记账凭证：

记　账　凭　证　　　　凭证号：5

20×1 年 12 月 25 日　　　　附件　2　张

摘　要	总账科目	明细科目	√	借方金额（千百十万千百十元角分）	√	贷方金额（千百十万千百十元角分）
结转销售商品成本	主营业务成本			1000000		
	库存商品					1000000
合　计				1000000		1000000

会计主管：宋福祈　　记账人：吴担忧　　审核人：孙发财　　填制人：赵有钱

业务 3-6　20×1 年 12 月 25 日，甲公司以现金支付销售商品的运费 800 元（假定不考虑增值税）。会计部门根据运费发票、现金支付凭证等原始单据，编制如下记账凭证：

记 账 凭 证

20×1年12月25日

凭证号：6

附件 2 张

摘要	总账科目	明细科目	√	借方金额（千百十万千百十元角分）	√	贷方金额（千百十万千百十元角分）
现金支付销售商品运费	销售费用			80000		
	库存现金					80000
合　计				80000		80000

会计主管：宋福祈　　记账人：吴担忧　　审核人：孙发财　　填制人：赵有钱

20×1年12月31日，甲公司会计部门记账人员吴担忧根据记账凭证1～6号，逐笔过账后得到如下账簿记录结果：

库存现金

20×1年 月	日	凭证编号	摘要	借方（十亿千百十万千百十元角分）	贷方（十亿千百十万千百十元角分）	借或贷	余额（十亿千百十万千百十元角分）
12	31	2	提取现金备用	200000			200000
		6	现金支付销售商品运费		80000	借	120000

银行存款

20×1年 月	日	凭证编号	摘要	借方（十亿千百十万千百十元角分）	贷方（十亿千百十万千百十元角分）	借或贷	余额（十亿千百十万千百十元角分）
12	31	1	公司成立收到实收资本	3000000			3000000
		2	提取现金备用		200000		2800000
		3	购买商品并入库		1000000		1800000
		4	销售商品并收款	1500000		借	3300000

库存商品

20×1年 月	日	凭证编号	摘要	借方（十亿千百十万千百十元角分）	贷方（十亿千百十万千百十元角分）	借或贷	余额（十亿千百十万千百十元角分）
12	31	3	购买商品并入库	1000000			1000000
		5	结转商品销售成本		1000000	平	0

实收资本

20×1年		凭证编号	摘要	借方	贷方	借或贷	余额
月	日			十亿千百十万千百十元角分	十亿千百十万千百十元角分		十亿千百十万千百十元角分
12	31	1	公司成立收到实收资本		3000000	贷	3000000

主营业务收入

20×1年		凭证编号	摘要	借方	贷方	借或贷	余额
月	日			十亿千百十万千百十元角分	十亿千百十万千百十元角分		十亿千百十万千百十元角分
12	31	4	销售商品并收款		1500000	贷	1500000

主营业务成本

20×1年		凭证编号	摘要	借方	贷方	借或贷	余额
月	日			十亿千百十万千百十元角分	十亿千百十万千百十元角分		十亿千百十万千百十元角分
12	31	5	结转商品销售成本	1000000		借	1000000

销售费用

20×1年		凭证编号	摘要	借方	贷方	借或贷	余额
月	日			十亿千百十万千百十元角分	十亿千百十万千百十元角分		十亿千百十万千百十元角分
12	31	6	现金支付销售商品运费	80000		借	80000

至此，甲公司已将发生的所有经济业务登记入账，并通过账簿记录结果得到如下数据：

库存现金：增加 2 000 元（提取现金），减少 800 元（销售商品运费），年末结余 1 200 元。

银行存款：增加 45 000 元，其中投资者投入 30 000 元，销售商品收款 15 000 元；减少 12 000 元，其中提取现金 2 000 元，购买商品支付 10 000 元；年末结余 33 000 元。

库存商品：增加 10 000 元（购买入库），减少 10 000 元（销售发出），年末余额为零。

实收资本：增加 30 000 元，年末结余 30 000 元。

主营业务收入：增加 15 000 元。

主营业务成本：增加 10 000 元。

销售费用：增加 800 元。

根据相关账户数据，可以计算得到甲公司 20×1 年实现的利润为 4 200 元。即：主营业务收入 15 000 元－主营业务成本 10 000 元－销售费用 800 元＝利润 4 200 元。

需要将 4 200 元利润记入“本年利润”账户。

根据前述内容可知，账户记录数据应根据记账凭证进行登记，不能无依据记账。也就是说，需要将与利润有关的其他账户的数据转入“本年利润”账户才能得到利润结果。这就需要再编制记账凭证将主营业务收入、主营业务成本和销售费用的数据记入“本年利润”账户中。会计部门记账人员根据主营业务收入、主营业务成本、销售费用等账户的金额，于 20×1 年 12 月 31 日编制记账凭证如下：

记 账 凭 证

20×1 年 12 月 31 日

凭证号：7-1

附件____张

摘要	总账科目	明细科目	√	借方金额（千百十万千百十元角分）	√	贷方金额（千百十万千百十元角分）
结转利润	主营业务收入			1500000		
	本年利润					1500000
合计				1500000		1500000

会计主管：宋福祈　记账人：吴担忧　审核人：孙发财　填制人：赵有钱

记 账 凭 证

20×1 年 12 月 31 日

凭证号：7-2

附件____张

摘要	总账科目	明细科目	√	借方金额（千百十万千百十元角分）	√	贷方金额（千百十万千百十元角分）
结转利润	本年利润			1080000		
	主营业务成本					1000000
	销售费用					80000
合计				1080000		1080000

会计主管：宋福祈　记账人：吴担忧　审核人：孙发财　填制人：赵有钱

同时，根据该记账凭证逐笔过账后，得到如下结果：

主营业务收入

20×1年 月	日	凭证编号	摘要	借方（十亿千百十万千百十元角分）	贷方（十亿千百十万千百十元角分）	借或贷	余额（十亿千百十万千百十元角分）
12	31	4	销售商品并收款		1500000	贷	1500000
		7-1	结转利润	1500000		平	0

主营业务成本

20×1年 月	日	凭证编号	摘要	借方（十亿千百十万千百十元角分）	贷方（十亿千百十万千百十元角分）	借或贷	余额（十亿千百十万千百十元角分）
12	31	5	结转商品销售成本	1000000		借	1000000
		7-2	结转利润		100000	平	0

销售费用

20×1年 月	日	凭证编号	摘要	借方（十亿千百十万千百十元角分）	贷方（十亿千百十万千百十元角分）	借或贷	余额（十亿千百十万千百十元角分）
12	31	6	现金支付销售商品运费	80000		借	80000
		7-2	结转利润		80000	平	0

本年利润

20×1年 月	日	凭证编号	摘要	借方（十亿千百十万千百十元角分）	贷方（十亿千百十万千百十元角分）	借或贷	余额（十亿千百十万千百十元角分）
12	31	7-1	结转利润		1500000		
		7-2	结转利润	1080000		贷	420000

至此，账户记录已经全部完成，相关账户显示的数据如下：

库存现金：增加 2 000 元（提取现金），减少 800 元（销售商品运费），年末结余 1 200 元。

银行存款：增加 45 000 元，其中投资者投入 30 000 元，销售商品收款 15 000 元；减少 12 000 元，其中提取现金 2 000 元，购买商品支付 10 000 元；年末结余 33 000 元。

库存商品：增加 10 000 元（购买入库），减少 10 000 元（销售发出），年末余额为零。

实收资本：增加 30 000 元，年末结余 30 000 元。

主营业务收入：增加 15 000 元，结转 15 000 元，年末余额为零。

主营业务成本：增加 10 000 元，结转 10 000 元，年末余额为零。

销售费用：增加 800 元，结转 800 元，年末余额为零。

本年利润：4 200 元。

年末，甲公司根据账簿记录结果编制会计报表，即将账簿数据填入会计报表的相关项目中，填列结果如表 3-1～表 3-4 所示。

表 3-1 资产负债表

会企 01 表

编制单位：甲公司　　　　20×1 年 12 月 31 日　　　　单位：元

资产	期末余额	上年年末余额	负债和所有者权益（或股东权益）	期末余额	上年年末余额
流动资产：			流动负债：		
货币资金	34 200		短期借款		
交易性金融资产			交易性金融负债		
衍生金融资产			衍生金融负债		
应收票据			应付票据		
应收账款			应付账款		
应收款项融资			预收款项		
预付款项			合同负债		
其他应收款			应付职工薪酬		
存货			应交税费		
合同资产			其他应付款		
持有待售资产			持有待售负债		
一年内到期的非流动资产			一年内到期的非流动负债		
其他流动资产			其他流动负债		
流动资产合计	34 200		流动负债合计		
非流动资产：			非流动负债：		
债权投资			长期借款		
其他债权投资			应付债券		
长期应收款			其中：优先股		
长期股权投资			永续债		
其他权益工具投资			租赁负债		
其他非流动金融资产			长期应付款		
投资性房地产			预计负债		
固定资产			递延收益		
在建工程			递延所得税负债		
生产性生物资产			其他非流动负债		
油气资产			非流动负债合计		

续表

资产	期末余额	上年年末余额	负债和所有者权益（或股东权益）	期末余额	上年年末余额
使用权资产			负债合计		
无形资产			所有者权益（或股东权益）：		
开发支出			实收资本（或股本）	30 000	
商誉			其他权益工具		
长期待摊费用			其中：优先股		
递延所得税资产			永续债		
其他非流动资产			资本公积		
非流动资产合计			减：库存股		
			其他综合收益		
			专项储备		
			盈余公积		
			未分配利润	4 200①	
			所有者权益（或股东权益）合计		
资产总计	34 200		负债和所有者权益（或股东权益）总计	34 200	

表 3-2 利润表

会企 02 表

编制单位：甲公司　　20×1 年 1—12 月　　单位：元

项目	本期金额	上期金额
一、营业收入	15 000	
减：营业成本	10 000	
税金及附加		
销售费用	800	
管理费用		
研发费用		
财务费用		
其中：利息费用		
利息收入		
加：其他收益		
投资收益（损失以“—”号填列）		

① 未分配利润＝期初未分配利润＋本年净利润－本年利润分配，本年净利润＝本年利润总额－本年所得税费用。

续表

项目	本期金额	上期金额
其中：对联营企业和合营企业的投资收益		
以摊余成本计量的金融资产终止确认收益（损失以“－”号填列）		
净敞口套期收益（损失以“－”号填列）		
公允价值变动收益（损失以“－”号填列）		
信用减值损失（损失以“－”号填列）		
资产减值损失（损失以“－”号填列）		
资产处置收益（损失以“－”号填列）		
二、营业利润（亏损以“－”号填列）	4 200	
加：营业外收入		
减：营业外支出		
三、利润总额（亏损总额以“－”号填列）	4 200	
减：所得税费用		
四、净利润（净亏损以“－”号填列）	4 200	
（一）持续经营净利润（净亏损以“－”号填列）		
（二）终止经营净利润（净亏损以“－”号填列）		
五、其他综合收益的税后净额		
（一）不能重分类进损益的其他综合收益		
1. 重新计量设定受益计划变动额		
2. 权益法下不能转损益的其他综合收益		
3. 其他权益工具投资公允价值变动		
4. 企业自身信用风险公允价值变动		
……		
（二）将重分类进损益的其他综合收益		
1. 权益法下可转损益的其他综合收益		
2. 其他债权投资公允价值变动		
3. 金融资产重分类计入其他综合收益的金额		
4. 其他债权投资信用减值准备		
5. 现金流量套期储备		
6. 外币财务报表折算差额		
……		
六、综合收益总额	4 200	
七、每股收益		
（一）基本每股收益		
（二）稀释每股收益		

表 3-3　现金流量表

会企 03 表

编制单位：甲公司　　　　20×1 年 1—12 月　　　　单位：元

项目	本期金额	上期金额
一、经营活动产生的现金流量：		
销售商品、提供劳务收到的现金	15 000	
收到的税费返还		
收到其他与经营活动有关的现金		
经营活动现金流入小计	15 000	
购买商品、接受劳务支付的现金	10 800	
支付给职工以及为职工支付的现金		
支付的各项税费		
支付其他与经营活动有关的现金		
经营活动现金流出小计	10 800	
经营活动产生的现金流量净额	4 200	
二、投资活动产生的现金流量：		
收回投资收到的现金		
取得投资收益收到的现金		
处置固定资产、无形资产和其他长期资产收回的现金净额		
处置子公司及其他营业单位收到的现金净额		
收到其他与投资活动有关的现金		
投资活动现金流入小计		
购建固定资产、无形资产和其他长期资产支付的现金		
投资支付的现金		
取得子公司及其他营业单位支付的现金净额		
支付其他与投资活动有关的现金		
投资活动现金流出小计		
投资活动产生的现金流量净额		
三、筹资活动产生的现金流量：		
吸收投资收到的现金	30 000	
取得借款收到的现金		
收到其他与筹资活动有关的现金		
筹资活动现金流入小计	30 000	
偿还债务支付的现金		
分配股利、利润或偿付利息支付的现金		
支付其他与筹资活动有关的现金		
筹资活动现金流出小计		
筹资活动产生的现金流量净额	30 000	
四、汇率变动对现金及现金等价物的影响		
五、现金及现金等价物净增加额	34 200	
加：期初现金及现金等价物余额		
六、期末现金及现金等价物余额	34 200	

表 3－4 所有者权益变动表

会企 04 表

编制单位：甲公司　　20×1 年度　　单位：万元

项目	本年金额										上年金额
	实收资本（或股本）	其他权益工具			资本公积	减：库存股	其他综合收益	盈余公积	未分配利润	所有者权益合计	
		优先股	永续债	其他							
一、上年年末余额											
加：会计政策变更											
前期差错调整											
其他											
二、本年年初余额	0								0	0	
三、本年增减变动金额（减少以“—”号填列）											
（一）综合收益总额									4 200	4 200	
（二）所有者投入和减少资本											
1. 所有者投入的普通股	30 000									30 000	
2. 其他权益工具持有者投入资本											
3. 股份支付计入所有者权益的金额											
4. 其他											
（三）利润分配											
1. 提取盈余公积											
2. 对所有者（或股东）分配											
3. 其他											
（四）所有者权益内部结转											
1. 资本公积转增资本（或股本）											

续表

项目	本年金额										上年金额
	实收资本（或股本）	其他权益工具			资本公积	减：库存股	其他综合收益	盈余公积	未分配利润	所有者权益合计	
		优先股	永续债	其他							
2. 盈余公积转增资本（或股本）											
3. 盈余公积补亏											
4. 设定受益计划变动额结转留存收益											
5. 其他											
四、本年年末余额	30 000								4 200	34 200	

通过以上简例，可以将会计基本程序归纳为"凭证—账簿—报表"，且保证会计报表数据真实可靠的核心是凭证。只有保证会计部门的原始凭证真实可靠，才能保证根据真实可靠的原始凭证编制的记账凭证准确无误。由此可见，凭证的审核和填制是确保会计报表符合会计准则的关键。

就会计处理程序而言，记账凭证的编制是确保会计报表准确的关键。记账凭证是依据业务或事项，按照会计准则的相关要求，依记账原理进行编制的。下一节，我们将专门说明记账原理和记账方法，并阐释本节所给出的记账凭证中"借方""贷方"的具体含义。

第二节　借贷记账法

一、借贷记账法基本原理

借贷记账法起源于1211年的意大利北部城邦佛罗伦萨，距今已有800多年历史。目前，国际通用的记账方法就是借贷记账法。

前已述及，会计恒等式既是资产负债表设计的理论根据，又是借贷记账法的理论基础。为便于掌握借贷记账法的基本原理，借助资产负债表结构和会计核算程序说明如下：

（1）左借右贷是约定俗成的规定。

无论是记账凭证还是账页格式，其记录的金额只有两个方向，即借方、贷方，而且左侧为借方，右侧为贷方。也就是说，"借方"和"贷方"表示的是增加或减少。

（2）资产负债表数据根据账户余额填列。

在资产负债表中，无论是资产项目、负债项目还是所有者权益项目，均根据相应账户的余额填列。由此可以推断出，资产类账户的余额在左侧（借方），负债和所有者权益类账户的余额在右侧（贷方）。

（3）任何一个账户登记的金额都体现出增减变动及结余关系。

任何一个账户登记的金额不外乎四项：期初金额、本期增加金额、本期减少金额和期末余额，这四个数据之间的关系是：

期初余额＋本期增加金额－本期减少金额＝期末余额

在以上四项数据中，期初余额越大、本期增加金额越大，则期末余额也越大；本期减少金额越大，则期末余额越小。仅用左侧（借方）和右侧（贷方）表示账户增减及余额的情况下，期初余额、本期增加金额和期末余额一定是同方向（借方或贷方），本期减少金额与期初余额、本期增加金额和期末余额方向相反（贷方或借方）。

登记账户的金额是增减变动金额，期末余额是在登记增减变动金额后计算生成的结果。

（4）资产负债表左侧为资产，右侧为负债和所有者权益。

从资产负债表可以看出，资产在资产负债表的左侧，也就意味着资产类账户的余额在借方；负债和所有者权益在资产负债表的右侧，也就意味着负债和所有者权益类账户的余额在贷方。

由此可以推断：资产增加记资产类账户的借方，负债和所有者权益增加记负债和所有者权益类账户的贷方；资产减少记资产类账户的贷方，负债和所有者权益减少记负债和所有者权益类账户的借方。

(5) 收入、费用和利润与所有者权益的关系。

依照前述各报表之间的钩稽关系可知，收入增加会使利润增加并导致所有者权益增加，费用增加会使利润减少并导致所有者权益减少，因此收入增加类似于所有者权益增加，费用增加类似于所有者权益减少。按照借方和贷方表达的话，就是收入增加记入贷方，费用增加记入借方。

通过以上分析，在借贷记账法下，可将各项会计要素增减记录的表达方式进行归纳，如图 3-1 所示。

账户名称（会计科目）

借方	贷方
资产增加	资产减少
费用成本增加	费用成本转出
负债及所有者权益减少	负债及所有者权益增加
收入转出	收入增加
期末余额：资产余额	期末余额：负债及所有者权益余额

图 3-1 会计要素增减记录的表达方式

二、借贷记账法应用举例

(一) 经济业务引起会计要素项目发生变动的业务类型

借贷记账法以“借”和“贷”表达经济业务导致的会计要素相关项目的增减变化，因此在借贷记账法下，“借”和“贷”这两个字并无任何经济含义，仅仅表示增减变动的方向。

经济业务不外乎以下九种类型：

(1) 资产和所有者权益同时增加，如股东投资入股等；

(2) 资产和所有者权益同时减少，如支付股东退股款等；

(3) 资产和负债同时增加，如获得银行借款等；

(4) 资产和负债同时减少，如偿还银行借款等；

(5) 一项资产增加，另一项资产减少，如从银行提取现金等；

(6) 一项负债增加，另一项负债减少，如从应职工薪酬中代扣个人所得税等；

(7) 一项所有者权益增加，另一项所有者权益减少，如将资本公积转为股本等；

(8) 一项负债增加，一项所有者权益减少，如将未分润利润作为应付股利进行分配等；

（9）一项负债减少，一项所有者权益增加，如债转股等。

任何一项经济业务发生至少会涉及两个项目发生变化，以借贷记账法的“借”“贷”表达经济业务引起的项目变动，会存在“有借必有贷，借贷必相等”的记账规则。

应用借贷记账法进行会计记录的核心就是编制记账凭证，将记账凭证作为登记会计账簿的“指令”。因此，会计确认和计量作为会计核算的核心，实际上就是给会计系统下达记账指令的过程。

一项经济业务发生后，如何编制记账凭证，也就是如何运用借贷记账法下达“指令”以便根据记账凭证进行账簿登记并编制报表，这是会计核算的核心。

（二）借贷记账法下记录经济业务的分析步骤

一般地，经济业务发生后，需要按照以下五个步骤进行思考并编制记账凭证。

1. 确定经济业务涉及的项目

经济业务发生后，需要首先判断该业务涉及的什么项目发生了变化，这一步骤需要从账户名称入手去考虑。如购买原材料，按合同规定三个月后付款，那么就应使用“应付账款”项目；采用预付货款方式购买原材料，就应使用“预付账款”项目；将证券投资款划入证券公司以备购买证券，应使用“其他货币资金”项目。究竟应使用什么项目，需要在全面熟悉报表项目的基础上，按照会计准则要求并结合企业管理需要设置的具体账户进行分析判断。

2. 判断涉及项目的所属会计要素属性

借贷记账法下，“借”和“贷”在不同会计要素中反映的增减内容是不同的，要准确编制记账凭证，必须分清涉及的项目是哪类会计要素，即必须分清经济业务发生涉及的项目要素属性。要素属性是指涉及的项目是资产、负债还是所有者权益，是收入、费用还是利润等。判断项目的会计要素属性，主要通过会计要素的定义，并通过报表项目所列要素类别加以证实。如“应付账款”“合同负债”“预收账款”等属于负债项目，“应收账款”“预付账款”等属于资产项目等。

3. 确定项目的变动方向

项目变动方向是指经济业务发生导致该项目是增加还是减少。

4. 判断记账方向

记账方向也就是借贷方向。在以上判断的基础上，运用借贷记账法下各会计要素增减变动应借贷记录的规则，即可判断经济业务发生涉及的项目应记入借方还是贷方，进而确定记账凭证的借贷方向。

5. 确定记账金额

按照经济业务发生的内容所涉及的金额确定记账金额。

（三）借贷记账法应用举例

某企业接受新股东投资入股，投资款共 3 000 万元，其中：股本总额 600 万股（我国目前规定每股面值为 1 元)，2 400 万元为股本溢价（资本公积）。

涉及的账户：	银行存款	股本	资本公积
账户的性质：	资产	所有者权益	所有者权益
发生的变化：	增加	增加	增加
记账的方向：	借方	贷方	贷方
记账的金额：	3 000 万元	600 万元	2 400 万元

根据入股合同、银行收款通知等原始凭证，将分析结果填入记账凭证后如下：

记　账　凭　证　　　　凭证号：××

20×1 年××月××日　　　　附件×张

摘　要	总账科目	明细科目	√	借方金额										√	贷方金额									
				千	百	十	万	千	百	十	元	角	分		千	百	十	万	千	百	十	元	角	分
收到××股东投入资本	银行存款	×××银行×××支行		3	0	0	0	0	0	0	0	0	0											
	股本	××股东														6	0	0	0	0	0	0	0	0
	资本公积	股本溢价													2	4	0	0	0	0	0	0	0	0
合计				3	0	0	0	0	0	0	0	0	0		3	0	0	0	0	0	0	0	0	0

会计主管：×××　　记账人：×××　　审核人：×××　　填制人：×××

可以看出，记账凭证编制的核心在于确定应借应贷的会计科目及其金额。为便于会计核算方法的理解，本书不再以记账凭证的形式体现记账方法，而是以会计分录代替记账凭证的编制。

会计分录可简单理解为记账凭证的简化格式。一般地，会计分录的书写格式是：先写借方后写贷方，并且体现左借右贷的基本要求。如上述业务用会计分录表达为：

借：银行存款　　　　30 000 000

　贷：股本　　　　　　6 000 000

　　　资本公积　　　　24 000 000

第三节　会计科目

一、会计科目的设置

会计科目是经济业务在会计系统中分类反映的项目名称，也可称为账户的名称。会计科目的设置既应满足报表编制的需要，又应满足企业内部管理的需要。总科目是该类业务的总名称，其细分项目称为明细科目，明细科目越细致越有利于企业内部管理。在信息系统环境下，科目的级别可以设置很多级次，甚至可细分到“颗粒级”，如表 3－5 所示。

表 3-5　会计科目的设置举例

一级	二级	三级	四级	五级	六级	……
固定资产	机械	数控机床	GPRM001	生产一部	……	……
			JNCM0980	生产二部	……	……
			CCTM462	技术开发部	……	……
	电子设备	空调	KFR-50W/19HD	总部办公室	……	……
		计算机	OptiPlex7040	销售公司	……	……
		打印机	HP3600dn	财务部	……	……
		扫描仪	HP7800	人力资源部	……	……
	建筑物	……	……	……	……	……
		……	……	……	……	……
		……	……	……	……	……
		……	……	……	……	……
	……	……	……	……	……	……

为便于理解会计基本方法，除特别情况外，举例所使用的会计科目以常用的一级科目为主。

二、会计科目与报表项目的关系

在会计科目设置方面，按照会计报表的项目设置一级科目是最低要求，但为便于企业内部管理，有些报表项目还不能直接作为一级科目使用。

报表中可以只列示“存货”项目，但由于存货内容较多，需要根据管理的需要和存货构成内容设置诸如“原材料”“生产成本”“库存商品”“低值易耗品”等一级科目。

报表中只列示了“营业收入”项目，但为了反映企业营业收入中的主营业务活动和其他业务活动的收入情况，需要设置“主营业务收入”“其他业务收入”科目。类似地，报表中只列示了“营业成本”项目，但需要分别设置“主营业务成本”“其他业务成本”科目。

报表中列示了“公允价值变动收益”项目，以反映交易性金融资产公允价值变动等对利润的贡献程度，但交易性金融资产公允价值变动可能是上涨也可能是下跌，因此在科目设置上，一般设置“公允价值变动损益”科目。

报表中只列示“未分配利润”项目，但为了反映利润及其分配的内容，需要设置“本年利润”“利润分配”等科目，通过“本年利润”和“利润分配”科目生成未分配利润信息等。

有些报表项目要根据账户反映的业务内容进行调整后列示，如企业取得的长期借款，在编制会计报表时，该借款将于一年内到期，则“长期借款”科目余额中将于一年内到期的部分就要反映为“一年内到期的长期负债”。

在大多数情况下，会计报表中的多数项目与会计科目相同，但某些报表项目难以满足企业内部管理需要，因此在报表中反映为一个项目的内容，需要设置若干会计科目共同反映。

对于常见的报表项目、会计科目的名称及内容的理解，需要结合后续课程的介绍慢慢体会，加深印象。

第二篇　业务核算篇

第四章 筹资及货币资金业务的会计处理

第一节 筹资业务及其会计处理

一、筹资方式

可以将筹资理解为企业资金的来源渠道。按照会计报表要素分类，筹资的渠道有两种，一是权益融资，二是债务融资。

（一）权益融资

我国实施企业注册资本登记制改革后，目前公司注册实行注册资本认缴登记制，但有27个行业暂不实行注册资本认缴登记制。本书仅以常见的仍实行注册资本实缴制企业的一般性筹资业务的会计核算进行说明。

在注册资本实缴制方式下，投资者出资必须达到法定注册资本的要求，企业会计核算中的实收资本即法定资本，且与注册资本一致。

一般情况下，实收资本的构成比例即投资者的出资比例或股东的股份比例，是确定所有者在企业所有者权益中所占的份额和参与企业财务经营决策的基础，也是企业进行利润分配或股利分配的依据，同时还是企业清算时确定所有者对企业净资产要求权的依据。

股东可以用货币出资，也可以用实物、知识产权、土地使用权等能以货币估价并可以依法转让的非货币财产作价出资；但是，法律、行政法规规定不得作为出资的财产除外。对作为出资的非货币性财产应当核实并评估作价，不得高估或者低估作价。

（二）债务融资

债务融资又称负债融资，是指企业通过借入资金方式筹集资金。如企业在生产经营过程中，为弥补生产周转资金不足，或出于基本建设需要从银行或其他金融机构等借入资金，以及企业为生产经营、项目投资等而发行债券进行的融资等。本书仅以银行借款为例说明债务融资的会计处理方法。实务中，企业的借款通常按其流动性或偿还时间的长短，划分为短期借款和长期借款。

短期借款是指企业从银行或其他金融机构借入的期限在一年（含一年）以下的各种借款，是企业的一项流动负债。

长期借款是企业从银行或其他金融机构借入的偿还期在一年以上（不含一年）的各种借款。长期借款一般用于固定资产的购建、改扩建工程、大修理工程以及流动资产的正常需要等方面，是企业的一项长期负债。

二、筹资业务的会计处理简例

（一）投入资本的会计处理

企业收到投资者以现金投入的资本时，借记“库存现金”或“银行存款”账户，按投资者在企业注册资本中所占的份额，贷记“实收资本”账户。对于实际投入的金额超过投资者在企业注册资本中所占份额的部分，应记入“资本公积”账户。股份有限公司在按面值发行股票的情况下，企业发行股票取得的收入，应全部记入“股本”账户；当溢价发行股票时，企业发行股票取得的收入中，相当于股票面值的部分记入“股本”账户，超出股票面值的溢价收入应作为股本溢价处理，记入“资本公积——股本溢价”账户。

例 4-1 明光工厂是一家有限责任公司，20××年 12 月 1 日接受华信集团的追加投资 500 万元，合同约定该款项全部作为实收资本处理，款项已存入银行。根据相关原始凭证，编制如下会计分录：

借：银行存款	5 000 000	
贷：实收资本		5 000 000

如果是有限公司，一般以“实收资本”账户核算；如果是股份有限公司，一般以“股本”账户核算。在我国境内上市的企业中，除个别企业外[①]，股本面值为 1 元人民币，也就是说，这些公司的股本金额即该公司的股票数量。

例 4-2 海普瑞（002399）于 2010 年 4 月 23 日 09：06 发布公告称：经路演询价后确定的公司股票发行价为 148 元/股。每股收益按发行后总股本计算，发行市盈率为 73.27 倍。海普瑞此次拟发行 4 010 万股，其中：线下发行数量不超过 800 万股，占发行数量的 19.95%；网上发行数量不超过 3 210 万股，占发行总量的 80.05%；网上申购日期为 4 月 26 日。假如不考虑发行费用等因素，则网上发行部分筹集的资金总额为 47.5 亿元，溢价 47.179 亿元。根据相关原始凭证，编制如下会计分录：

借：银行存款	4 750 000 000	
贷：股本		32 100 000
资本公积		4 717 900 000

投资者可以非现金资产，如固定资产、无形资产、材料等进行投资。

企业接受投资者作价投入的房屋、建筑物、机器设备等固定资产，应按照投资合同或协议约定的价值确定固定资产的价值，但投资合同或协议约定价值不公允的除外。在进行会计处理时，按照投资合同或协议约定的价值借记“固定资产”账户，按照投资者在企业注册资本中应享有的份额，贷记“实收资本”账户。如果投资合同或协议约定的价值大于

① 如紫金矿业（601899.sh）股票面值为 0.1 元人民币。

投资者在企业注册资本中应享有的份额，应将其差额记入“资本公积”账户。

企业接受投资者以无形资产方式投入的资本，应按照投资合同或协议约定的价值确定无形资产的价值，但投资合同或协议约定价值不公允的除外。在进行会计处理时，应按照投资合同或协议约定的价值借记“无形资产”账户，按投资者在企业注册资本中应享有的份额，贷记“实收资本”账户。如果投资合同或协议约定的价值大于投资者在企业注册资本中应享有的份额，应将其差额记入“资本公积”账户。

企业接受投资者作价投入的材料物资等，应按照投资合同或协议约定的价值确定材料物资的价值，但投资合同或协议约定价值不公允的除外。在进行会计处理时，应按照投资合同或协议约定的价值借记“原材料”账户，按增值税专用发票上注明的增值税额，借记“应交税费——应交增值税（进项税额）”账户，按投资者在企业注册资本中应享有的份额，贷记“实收资本”账户，按其差额贷记“资本公积”账户。

我国《公司法》规定，股份有限公司以超过股票票面金额的发行价格发行股份所得的溢价款以及国务院财政部门规定列入资本公积的其他收入，应当列为公司资本公积。资本公积可用于转增资本（股本），但不得用于弥补亏损。

（二）银行借款的会计处理

短期借款通过“短期借款”账户进行核算，其贷方登记借入的短期借款，借方登记归还的短期借款，期末余额在贷方，反映尚未归还的短期借款。该账户按债权人设置明细账，并按借款的种类进行明细分类核算。企业借入各种短期借款时，应借记“银行存款”账户，贷记“短期借款”账户；归还短期借款时，借记“短期借款”账户，贷记“银行存款”账户。

短期借款的利息通过“财务费用”“应付利息”等账户核算。利息作为财务费用计入损益核算，按照权责发生制的原则计提。如果利息分期支付（季度、半年）或到期一次支付且数额较大，则采用预提的方法分期计入损益；如果利息按月支付，或者虽然分期（季度、半年）支付或到期一次支付但数额较小，可不用预提的方法，而在实际支付利息时直接计入当期损益。计提利息时，借记“财务费用”账户，贷记“应付利息”账户；支付已计提的利息时，借记“应付利息”账户，贷记“银行存款”账户；直接支付利息、不计提的，于付款时借记“财务费用”账户，贷记“银行存款”账户。

长期借款通过“长期借款”账户进行核算，其贷方登记借入的长期借款，借方登记归还的长期借款，期末余额在贷方，反映尚未归还的长期借款。该账户按债权人设置明细账，并按借款的种类进行明细分类核算。企业借入各种长期借款时，应借记“银行存款”账户，贷记“长期借款”账户；归还借款时，借记“长期借款”账户，贷记“银行存款”账户。

长期借款的利息应当在资产负债表日按照实际利率法计算确定，实际利率与合同利率差异较小的，也可以采用合同利率。长期借款的利息费用有资本化、费用化两种处理方式。会计准则规定，需要经过相当长时间的购建或者生产活动才能达到预定可使用或者可销售状态的固定资产、投资性房地产和存货等资产发生的借款利息应该资本化，否则应该费用化。企业筹建期间的长期借款利息费用，记入“管理费用”账户；生产经营期间的长期借款利息费用，记入“财务费用”账户；长期借款用于构建固定资产的，在固定资产尚未达到预定可使用状态前，所发生的应当资本化的利息支出数，计入在建工程成本；固定资产达到预定可使用状态后发生的利息支出，以及按规定不予以资本化的利息支出，计入财务费用。

《企业会计准则——基本准则》第35条规定，企业发生的支出不产生经济利益的，或者即使能够产生经济利益但不符合或者不再符合资产确认条件的，应当在发生时确认为费用，计入当期损益。

例4-3 20×1年12月3日，明光工厂从银行取得一年期借款20万元，款项已经划入该工厂的银行存款账户。根据相关原始凭证，编制如下会计分录：

借：银行存款　　200 000
　贷：长期借款　　200 000

例4-4 20×1年3月1日，某企业从银行借入为期6个月的短期借款100 000元，利率为6%，按季度付息，到期一次还本并支付最后一期利息。按照权责发生制原则，该企业3月末需要支付本季度利息（本月）500元，4月应计提当月利息500元，5月应计提当月利息500元，6月份应计提当月利息500元，并于当日支付本季度利息1 500元，7月应计提当月利息500元，8月应计提当月利息500元，偿还本金100 000元，并支付利息1 000元。各月根据相关原始凭证分别编制如下会计分录：

(1) 3月1日：

借：银行存款　　100 000
　贷：短期借款　　100 000

(2) 3月末支付利息：

借：财务费用　　500
　贷：银行存款　　500

(3) 4月末、5月末、6月末：

借：财务费用　　500
　贷：应付利息　　500

(4) 6月末支付利息：

借：应付利息　　1 500
　贷：银行存款　　1 500

(5) 7月末：

借：财务费用　　500
　贷：应付利息　　500

(6) 8月末：

借：财务费用　　500
　贷：应付利息　　500

借：短期借款　　100 000
　贷：银行存款　　100 000

借：应付利息　　1 000
　贷：银行存款　　1 000

例 4-5　201×年 1 月 1 日，某企业为建造固定资产（工程期为 5 年）取得了 3 年期借款 1 000 万元，年利率为 4.8%，每季度支付利息，到期还本。根据相关原始凭证，编制如下会计分录：

(1) 取得借款时：

	借方	贷方
借：银行存款	10 000 000	
贷：长期借款		10 000 000

(2) 每年各月计提利息时：

	借方	贷方
借：在建工程	40 000	
贷：应付利息		40 000

(3) 每年各季度末支付利息时：

	借方	贷方
借：应付利息	120 000	
贷：银行存款		120 000

(4) 到期偿还本金时：

	借方	贷方
借：长期借款	10 000 000	
贷：银行存款		10 000 000

第二节　货币资金业务的会计处理

一、货币资金及其内部控制制度

(一) 货币资金及其范围

货币资金一般包括企业存于银行或其他金融机构的存款，以及本票和汇票存款等可以立即支付使用的资金。凡是不能立即支付使用的资金（如银行冻结存款等），一般不能视为货币资金。就其具体内容看，货币资金一般包括库存现金、银行存款和其他货币资金。

(二) 货币资金内部控制制度及其主要内容

内部控制制度是企业重要的内部管理制度，是指处理各种业务活动时，依照分工负责的原则在有关人员之间建立的相互联系、相互制约的管理体系。货币资金的内部控制制度是企业最重要的内部控制制度之一，其主要特征是：要求货币资金收支与记录的岗位分离，收支凭证经过有效复核或核准，收支及时入账且分开处理，建立严密的清查和核对制度，做到账实相符，制定严格的现金管理及检查制度等。

企业建立货币资金内部控制制度的具体内容因企业的规模大小和货币资金收支量多少而有所不同，但一般应包括：货币资金收支业务全过程的分工，各岗位各负其责；货币资金收支业务的会计处理程序制度化；货币资金收支业务与会计记账分开处理；货币资金收入与货币资金支出分开处理；内部稽核人员对货币资金实施制度化的检查等。

二、货币资金收支管理及其会计处理

（一）现金收支管理与核算

1. 现金收支管理

根据国务院颁布的《现金管理暂行条例》等相关规定，现金收支管理的内容主要包括以下四个方面：

（1）现金的使用范围。企业可以使用现金的范围主要包括：

1）职工工资、津贴。

2）个人劳动报酬。

3）根据国家规定颁发给个人的科学技术、文化艺术、体育等各种奖金。

4）各种劳保、福利费用以及国家规定的对个人的其他支出等。

5）向个人收购农副产品和其他物资的价款。

6）出差人员必须随身携带的差旅费。

7）结算起点（现行规定为 1 000 元）以下的零星支出。

8）中国人民银行确定需要支付现金的其他支出。

除第 5）、6）项外，单位支付给个人的款项，超过使用限额的部分，应当以支票或者银行本票支付；确需全额支付现金的，经开户银行审核后，予以支付现金。

凡是不属于现金结算范围的，应通过银行进行转账结算。

（2）库存现金限额。企业的库存现金限额由其开户银行根据实际需要核定，一般为 3～5 天的零星开支需要量。边远地区和交通不便地区的企业，库存现金限额可以多于 5 天，但不能超过 15 天的日常零星开支量。企业必须严格按规定的限额控制现金结余量。

（3）现金日常收支管理。现金日常收支管理的内容主要包括：

1）现金收入应于当日送存银行，如当日送存银行确有困难，由银行确定送存时间。

2）企业可以从库存限额中支付或者从银行提取现金支付，但不得从本单位的现金收入中直接支付（坐支）。因特殊情况需要坐支现金的，应当事先报经开户银行审查批准，由开户银行核定坐支范围和限额。企业应定期向开户银行报送坐支金额和使用情况。

3）企业从银行提取现金时，应当在取款凭证上写明具体用途，并由财会部门负责人签字盖章，交开户银行审核后方可支取。

4）因采购地点不固定、交通不便、生产或者市场急需、抢险救灾及其他情况必须使用现金的，企业应当提出申请，经开户银行审核批准后方可支付现金。

（4）现金账目管理。企业必须建立健全现金账目，除设置库存现金总分类账户对现金进行总分类核算以外，还必须设置库存现金日记账进行库存现金收支的明细核算，逐笔登记现金收入和支出金额，做到账目日清日结，账款相符。

2. 现金的收付与清查

（1）现金收付核算。企业的现金收入主要包括：从银行提取现金；收取不足转账起点的小额销货款；职工交回的多余出差借款等。企业收到现金时，应根据审核无误的会计凭证，借记“库存现金”科目，贷记有关科目。

企业的库存现金支出包括现金开支范围以内的各项支出。企业实际支付现金时，应根据审核无误的会计凭证，借记有关科目，贷记“库存现金”科目。

（2）现金清查。现金清查就是采用账实核对法对现金进行清查盘点。库存现金清查中若发现长款或短款，应根据现金盘点报告表进行处理，以确保账实相符，并对长短款做出处理。现金长款、短款一般通过“待处理财产损溢——待处理流动资产损溢”科目进行核算，待查明原因后，再根据不同原因及处理结果，将其转入有关科目。其中，由责任人赔偿的部分，借记“其他应收款——应收现金短缺款（××个人）”或“库存现金”等科目，贷记“待处理财产损溢——待处理流动资产损溢”科目；无法查明的其他原因，根据管理权限，经批准后处理，借记“管理费用——现金短缺”科目，贷记“待处理财产损溢——待处理流动资产损溢”科目；应支付给有关人员或单位的，应借记“待处理财产损溢——待处理流动资产损溢”科目，贷记“其他应付款——应付现金溢余（××个人）”科目；无法查明原因的现金溢余，经批准后，借记“待处理财产损溢——待处理流动资产损溢”科目，贷记“营业外收入”科目。

（二）银行存款收支管理与核算

1. 银行存款收支管理

银行存款收支管理主要包括银行存款开户管理及结算管理两个方面。

（1）银行存款开户管理。

企业开立账户，依其不同的用途可以分为基本存款账户、一般存款账户、专用存款账户和临时存款账户等。

基本存款账户是存款人因办理日常转账结算和现金收付需要开立的银行结算账户。基本存款账户是存款人的主办账户，存款人日常经营活动的资金收付及工资、奖金和现金的支取，应通过该账户办理。企业银行卡账户的资金必须由其基本存款账户转账存入。

一般存款账户是存款人因借款或其他结算需要，在基本存款账户开户银行以外的银行营业机构开立的银行结算账户。一般存款账户用于办理存款人借款转存、借款归还和其他结算的资金收付，该账户可以办理现金缴存，但不得办理现金支取。

专用存款账户是存款人按照法律、行政法规和规章的规定，对特定用途资金进行专项管理和使用而开立的银行结算账户。专用存款账户用于办理各项专用资金的收付，但不得办理现金的收付。

临时存款账户是存款人因临时需要而开立的在规定期限内使用的银行结算账户。临时存款账户用于办理临时机构以及存款人临时经营活动发生的资金收付。临时存款账户的有效期最长不得超过 2 年。从临时存款账户支取现金，应按照国家现金管理的规定办理。

（2）银行存款结算管理。

在我国，企业办理转账结算必须遵守《中华人民共和国票据法》和中国人民银行《支付结算办法》的各项规定。账户内必须有足够的资金保证支付，必须以合法、有效的票据和结算凭证为依据。不准签发没有资金保证的票据或远期支票套取银行信用；不准签发、取得和转让没有真实交易和债权债务的票据套取银行及他人资金；不准无理由拒付款项而任意占用他人资金；不准违反规定开立和使用账户。必须遵守“恪守信用，履约付款”“谁的钱进谁的账，由谁支配”“银行不垫款”的支付结算原则。企业应根据业务特点，采用恰当的结算方式办理各种结算业务。

银行存款结算方式大致可以分为票据结算方式和网络结算方式两类。其中，票据结算方式所使用的票据主要有银行汇票、商业汇票、银行本票、支票、汇兑、托收承付、委托收款、信用证等。网络结算方式又称网上银行或在线银行结算方式，是一种以信息技术和互联网技术为依托，通过互联网平台向用户开展和提供开户、销户、查询、对账、行内转账、跨行转账、信贷、网上证券、投资理财等各种金融服务的新型银行机构与服务形式，为用户提供全方位、全天候、便捷、实时的快捷金融服务系统。网络银行支付是指在银联在线支付平台通过输入用户名和密码的方式登录到网络银行，并完成支付的方式。

2. 银行存款的收付与核对

（1）银行存款收付。

企业收入银行存款，应根据银行存款送款单回单或银行收账通知及有关单证，及时编制记账凭证，借记“银行存款”科目，贷记有关科目，并经审核无误后，登记银行存款日记账及总账。

企业支付银行存款，应根据支票存根、办理付款结算的付款通知及有关单证，及时编制记账凭证，借记有关科目，贷记“银行存款”科目，并经审核无误后，登记银行存款日记账及总账。

（2）银行存款核对。

企业每月至少应将银行存款日记账与银行对账单核对一次，以检查银行存款收付及结存情况。企业进行账单核对时，往往出现银行存款日记账余额与银行对账单同日余额不符的情况。其原因主要有三个：一是计算错误；二是记账错漏；三是未达账项。

计算错误是指企业或银行对银行存款结存额的计算发生错误；记账错漏是指企业或银行对存款的收入、支出的错记或漏记；未达账项是指银行和企业对同一笔款项收付业务因记账时间不同而发生的一方已经入账、另一方尚未入账的款项。未达账项不外乎四种情况：企业已经收款入账，银行尚未收款入账的款项；企业已经付款入账，银行尚未付款入账的款项；银行已经收款入账，企业尚未收款入账的款项；银行已经付款入账，企业尚未付款入账的款项。

如果银行存款日记账余额与银行对账单余额不符，必须查明原因。一般通过编制银行存款余额调节表的方法进行检查。

在编制银行存款余额调节表时，一般将未核对一致的项目视为未达账项，对于出现的各种未达账项，应进行认真审核。

银行存款余额调节表有多种编制方法，会计实务中一般采用“补记式”余额调节法。其基本原理是：假设未达账项全部入账，银行存款日记账及银行对账单的余额应相等。其编制方法是：在双方现有余额的基础上，各自加上对方已收、本方未收账项，减去对方已付、本方未付账项，计算调节双方应有余额。用公式表示如下：

$$\text{银行存款日记账余额}+\text{银行已收、企业未收账项}-\text{银行已付、企业未付账项}=\text{银行对账单余额}+\text{企业已收、银行未收账项}-\text{企业已付、银行未付账项}$$

在企业内部控制制度健全且有效的前提下，如果银行存款余额调节表平衡，且不存在异常未达账项（如未达账项时间过长且已超过相应结算方式所规定的结算期限等，属于异常未达账项），则表明银行存款发生额及余额正确。需要注意的是，未达账项应是自开户日起至核对日止的累计未达账项。

例 4-6　某企业 20×1 年 1 月 20 日至 1 月 31 日银行存款日记账及银行对账单相关数据如表 4-1 和表 4-2 所示。

表 4-1　银行存款日记账

账号：22010××××××××××6547　　第 5 页

20×1 年		凭证		摘要	结算凭证		对方科目	借方（收）	贷方（支）	余额
月	日	字	号		种类	号数				
1	20			结余						25 536.00
1	20	银付	134	付材料款	支票	9478	材料采购		1 400.00	24 136.00
1	21	银收	176	预收款	交行		预收账款	2 400.00		26 536.00
1	24	银付	135	支付运费	支票	9479	材料采购		700.00	25 836.00
1	26	银付	136	付广告费	支票	9480	销售费用		1 600.00	24 236.00
1	27	银收	177	利康还款			应收账款	9 700.00		33 936.00
1	30	银付	137	付办公费	支票	9481	管理费用		200.00	33 736.00
1	31			月结				754 389.00	765 975.00	33 736.00

表 4-2　银行对账单

账号：22010××××××××××6547　　第 1 页　共 1 页

20×1 年		摘要	结算凭证		借方（支）	贷方（收）	余额
月	日		种类	号数			
1	20	结余					25 536.00
1	22	支付农行款	支票	9478	1 400.00		24 136.00
1	24	收支票存入款	交行			2 400.00	26 536.00
1	26	结算水电费			1 320.00		25 216.00
1	27	支票转账	支票	9479	700.00		24 516.00
1	27	补上年少计利息				792.00	25 308.00
1	30	深圳汇款				1 400.00	26 708.00
1	31	月结			875 649.00	687 546.00	26 708.00

根据以上数据资料，核对出未达账项，并编制银行存款余额调节表，如表 4-3 所示。

表 4-3　银行存款余额调节表

20×1年1月31日　　单位：元

项目	金额	项目	金额
银行存款日记账余额	33 736.00	银行对账单余额	26 708.00
加：银行已收、企业未收账		加：企业已收、银行未收账	
1. 深圳汇款	1 400.00	利康还款	9 700.00
2. 补存款利息	792.00	减：企业已付、银行未付账	
减：银行已付、企业未付账		1. 支票9480付广告费	1 600.00
付水电费	1 320.00	2. 支票9481付办公费	200.00
调节后余额	34 608.00	调节后余额	34 608.00

调节后余额相符，表明该企业账号为22010××××××××××6547的银行存款发生额及余额基本正确。

（三）其他货币资金的范围及收支核算

1. 其他货币资金的范围

其他货币资金是指除库存现金、银行存款以外的其他各种货币资金。主要包括外埠存款、银行汇票存款、银行本票存款、信用卡存款、信用证保证金存款和存出投资款等。其中：外埠存款是指到外地进行临时或零星采购时，汇往采购地银行并在采购地银行开立采购专户的款项。银行汇票存款是指企业为取得银行汇票，按规定用于银行汇票结算而存入银行的款项。银行本票存款是指企业为取得银行本票，按规定用于银行本票结算而存入银行的款项。信用卡存款是指企业为取得信用卡以办理信用卡结算而按规定存入银行的款项。信用证保证金存款是指企业为取得信用证按规定存入银行的款项。存出投资款是指企业已存入证券公司但尚未进行短期投资的款项。

2. 其他货币资金收支核算

其他货币资金通过“其他货币资金”科目进行核算，并按其他货币资金的内容设置明细科目进行明细核算，同时按外埠存款的开户银行、每一银行汇票或本票、信用证的收款单位等设置明细账，对其收付情况进行详细记录。办理信用卡业务的企业，应当在“信用卡”明细科目中按开出信用卡的银行和信用卡种类设置明细账，对其收付情况进行详细记录。

例 4-7　20×1年3月1日，某企业申请办理银行本票，将银行存款40 000元转入银行本票存款。20×1年3月15日，收到收款单位发票等单据，采购材料付款38 420元，其中，材料价款34 000元，增值税[①] 4 420元，材料验收入库。20×1年3月16日，收到收款单位退回的银行本票余款1 580元，存入银行。

（1）20×1年3月1日，根据相关原始凭证，进行如下会计处理：

借：其他货币资金——银行本票　　40 000

① 增值税的核算方法见第五章和第八章内容。

贷：银行存款　40 000

(2) 20×1 年 3 月 15 日，根据相关原始凭证，进行如下会计处理：

借：原材料　34 000

应交税费——应交增值税（进项税额）　4 420

贷：其他货币资金——银行本票　38 420

(3) 20×1 年 3 月 16 日，根据相关原始凭证，进行如下会计处理：

借：银行存款　1 580

贷：其他货币资金——银行本票　1 580

例 4-8　20×1 年 5 月 10 日，某企业将银行存款 500 000 元划入某证券公司，准备进行短期股票投资。20×1 年 5 月 16 日，将存入证券公司款项用于购买股票并已成交，购买股票的成本为 200 000 元，作为交易性金融资产[①]进行管理。

(1) 20×1 年 5 月 10 日，根据相关原始凭证，进行如下会计处理：

借：其他货币资金——存出投资款　500 000

贷：银行存款　500 000

(2) 20×1 年 5 月 16 日，根据相关原始凭证，进行如下会计处理：

借：交易性金融资产　200 000

贷：其他货币资金——存出投资款　200 000

① 交易性金融资产的核算见第七章内容。

第五章 增值税会计基本原理

第一节 增值税概述

一、增值税基本原理

增值税是以商品（含应税劳务）在流转过程中产生的增值额作为计税依据而征收的一种流转税。增值税由国家税务局负责征收，进口环节的增值税由海关负责征收。

如果购买商品的成本是 200 万元，销售价格是 500 万元，则增值额就是 300 万元。假定增值税税率是 13%，则应缴纳增值税 39 万元。但在实际工作中，增值额计算非常困难，尤其是制造业、加工业的增值额计算非常复杂，所以增值税采用了价外税的做法。购进商品，支付购买商品款的同时支付一笔增值税款，销售商品，收到销货款的同时收取一笔增值税款，收到的增值税款大于支付的增值税款的差额作为应缴税务机关的增值税。也就是说，增值税是价外税。

假定购买商品的价款是 200 万元，增值税专用发票上记载的增值税税率为 13%，增值税额为 26 万元，货款总额 226 万元。销售该商品的价格是 500 万元，增值税专用发票上记载的增值税税率为 13%，增值税额为 65 万元，货款总额 565 万元。在不考虑其他因素的情况下，该业务中的商品成本为 200 万元，支付的进项税为 26 万元，支付货款总额 226 万元；该业务中的销售收入为 500 万元，收到的销项税为 65 万元，收到货款总额 565 万元。该业务毛利＝500－200＝300（万元），支付进项税 26 万元，收到销项税 65 万元，应向税务机关缴纳增值税＝65－26＝39（万元）。

这种计算增值税的方法可以简单理解为，购进货物或接受劳务（如加工、修理、修配等）需要支付购货环节的增值税，简称进项税；销售货物或提供应税劳务需要收取销售环节的增值税，简称销项税；销项税大于进项税的差额，则为应缴纳的增值税。如果某个会计期间的销项税不足以抵扣进项税，就无须向税务机关缴纳增值税，直到销项税大于进项税时才按照大于进项税的差额缴纳。

二、增值税一般纳税人和小规模纳税人

目前，我国将增值税纳税人分为一般纳税人和小规模纳税人。小规模纳税人是指年应

征增值税销售额在500万元及以下的纳税人，不属于小规模纳税人的都属于一般纳税人。

在增值税方面，一般纳税人和小规模纳税人的区别主要体现在：

(1) 一般纳税人的增值税税率有4档：13%、9%、6%和0；但小规模纳税人的增值税只有征收率，征收率为3%，特殊业务（如不动产销售）是5%。

(2) 一般纳税人应交增值税＝销项税额－进项税额－减免税额；小规模纳税人应交增值税＝收入×征收率3%。

(3) 一般纳税人可以自行开具增值税专用发票和增值税普通发票，开具的4档税率的增值税发票，收票方也能抵扣专用发票所载6%～13%相应的进项税额；但小规模纳税人只能自行开具增值税普通发票，且收票方不能抵扣进项税额。小规模纳税人需要开具专用发票时，需要到税务机关申请代开，且只能开具3%的增值税专用专票。

(4) 一般纳税人在增值税方面除税率变化外，很少有优惠政策；小规模纳税人按规定可以享受相应的税收优惠。如：小规模纳税人发生增值税应税销售行为，合计月销售额未超过10万元（以1个季度为1个纳税期的，季度销售额未超过30万元，下同）的，免征增值税；小规模纳税人发生增值税应税销售行为，合计月销售额超过10万元，但扣除本期发生的销售不动产的销售额后未超过10万元的，其销售货物、劳务、服务、无形资产取得的销售额免征增值税。

(5) 新成立的企业，需要申请认定后才能成为一般纳税人，但如果没有申请认定为一般纳税人，就自动认定为小规模纳税人。

一般纳税人适用的增值税税率见表5-1，小规模纳税人适用的增值税征收率见表5-2。

表5-1　一般纳税人适用的增值税税率

序号	税目	税率
1	销售或者进口货物（除9～12项外）	13%
2	加工、修理修配劳务	
3	有形动产租赁服务	
4	不动产租赁服务	9%
5	销售不动产	
6	建筑服务	
7	运输服务	
8	转让土地使用权	
9	饲料、化肥、农药、农机、农膜	
10	粮食等农产品、食用植物油、食用盐	
11	自来水、暖气、冷气、热水、煤气、石油液化气、天然气、二甲醚、沼气、居民用煤炭制品	
12	图书、报纸、杂志、音像制品、电子出版物	
13	邮政服务	
14	基础电信服务	

续表

序号	税目	税率
15	增值电信服务	6%
16	金融服务	
17	现代服务	
18	生活服务	
19	销售无形资产（除土地使用权外）	
20	出口货物	
21	跨境销售国务院规定范围内的服务、无形资产	0

表5-2 小规模纳税人适用的增值税征收率

序号	税目	征收率
1	销售货物	3%
2	加工、修理修配劳务	
3	销售服务（除另有规定外）	
4	销售无形资产	
5	销售不动产	5%

三、增值税计税方法

增值税的计税方法分为一般计税方法和简易计税方法。

（一）一般计税方法

一般纳税人发生应税行为适用一般计税方法计税。一般纳税人发生财政部和国家税务总局规定的特定应税行为，可以选择适用简易计税方法计税，但一经选择，36个月内不得变更。采用一般计税方法，应纳税额是指当期销项税额抵扣当期进项税额后的余额。应纳税额的计算公式是：

应纳税额＝当期销项税额－当期进项税额

当期销项税额小于当期进项税额不足抵扣时，其不足部分可以结转下期继续抵扣。

1. 销项税额

销项税额，是指纳税人发生应税行为后按照销售额和增值税税率计算并收取的增值税额。销项税额的计算公式是：

销项税额＝销售额×增值税税率

一般计税方法下，销售额不包括销项税额，纳税人如果采用销售额和销项税额合并定价方法，销售额的计算公式是：

销售额＝含税销售额÷(1＋增值税税率)

2. 进项税额

进项税额，是指纳税人购进货物，加工、修理修配劳务，服务，无形资产或者不动产，支付或者负担的增值税额。但下列项目的进项税额不得从销项税额中抵扣：

（1）用于简易计税方法计税项目、免征增值税项目、集体福利或者个人消费（如交际应酬消费）的购进货物，加工、修理修配劳务，服务，无形资产和不动产。其中涉及的固定资产、无形资产、不动产，仅指专用于上述项目的固定资产、无形资产（不包括其他权益性无形资产）、不动产。

（2）非正常损失的购进货物，以及相关的加工、修理修配劳务和交通运输服务。

（3）非正常损失的在产品、产成品所耗用的购进货物（不包括固定资产），加工、修理修配劳务和交通运输服务。

（4）非正常损失的不动产，以及该不动产所耗用的购进货物（构成不动产实体的材料和设备，包括建筑装饰材料和给排水、采暖、卫生、通风、照明、通信、煤气、消防、中央空调、电梯、电气、智能化楼宇设备及配套设施）、设计服务和建筑服务。

（5）非正常损失的不动产在建工程所耗用的购进货物（构成不动产实体的材料和设备，包括建筑装饰材料和给排水、采暖、卫生、通风、照明、通信、煤气、消防、中央空调、电梯、电气、智能化楼宇设备及配套设施）、设计服务和建筑服务。纳税人新建、改建、扩建、修缮、装饰不动产，均属于不动产在建工程。

（6）购进的旅客运输服务、贷款服务、餐饮服务、居民日常服务和娱乐服务。

（7）财政部和国家税务总局规定的其他情形。

（二）简易计税方法

采用简易计税方法，纳税人的应纳增值税额按照销售额和增值税征收率计算，不得抵扣进项税额。一般纳税人发生财政部和国家税务总局规定的特定应税行为（如不动产转让、符合条件的固定资产出售等），可以选择使用简易计税方法计税。简易计税方法下，增值税征收率与小规模纳税人使用的税率基本一致。但小规模纳税人应交增值税通过“应交税费——应交增值税”账户核算，使用简易计税方法的一般纳税人通过“应交增值税——简易计税”账户核算。

简易计税方法下，应纳税额的计算公式是：

应纳税额＝销售额×征收率

采用简易计税方法，销售额不包括应纳税额，纳税人采用销售额和应纳税额合并定价方法的，按照下列公式计算销售额：

销售额＝含税销售额÷(1＋征收率)

第二节　增值税核算基本原理

一、增值税核算的一般方法

增值税是价外税，购买或销售的货物及劳务总价款是该货物及劳务的价格加上增值税的总和，而增值税是根据货物或劳务的价格及适用的增值税税率计算确定的。因此，价税总计与价格和增值税之间存在着如下关系：

价税总计＝价格＋价格×适用的增值税税率

在会计处理上，一般纳税人购进货物或接受劳务应根据专用发票上注明的进项税作为销项税的抵扣金额处理，通过“应交税费——应交增值税（进项税额）”账户核算，其发生额记入该账户的借方；一般纳税人销售货物或提供应税劳务收取的销项税，通过“应交税费——应交增值税（销项税额）”账户核算，其发生额记入该账户的贷方。一般地，“应交税费——应交增值税”账户的贷方余额即应缴纳的增值税额。但是小规模纳税人依照销售额采用简易计税方法以征收率计算应交增值税，其购进货物或接受劳务的进项税不能抵扣，只能将支付的进项税作为购进货物或接受劳务的成本处理。

例 5－1 假定某增值税一般纳税人购买商品 200 万元，增值税专用发票上记载的增值税税率为 13%，增值税额为 26 万元，以银行存款支付货款总额 226 万元。该企业将购进的该商品以 500 万元价格对外出售，增值税专用发票上记载的增值税税率为 13%，增值税额为 65 万元，购买方通过银行转账支付，该企业收到货款总额 565 万元。根据相关原始凭证，进行如下账务处理：

（1）购进商品时：

	借方	贷方
借：库存商品	2 000 000	
应交税费——应交增值税（进项税额）	260 000	
贷：银行存款		2 260 000

（2）销售商品时：

	借方	贷方
借：银行存款	5 650 000	
贷：主营业务收入		5 000 000
应交税费——应交增值税（销项税额）		650 000

（3）缴纳增值税 39 万元时：

	借方	贷方
借：应交税费——应交增值税（已交增值税）	390 000	
贷：银行存款		390 000

例 5－2 假定某增值税小规模纳税人购买商品 200 万元，增值税专用发票上记载的增值税税率为 13%，增值税额为 26 万元，以银行存款支付货款总额 226 万元。该企业将购进的该商品以 565 万元的总价对外出售，收到价款并存入银行，并取得有税务机关代开的增值税专用发票，专用发票上注明的销售价格为 548.54[①] 万元，增值税为 16.46[②] 万元，价税总计 565 万元。根据相关原始凭证，进行如下账务处理：

（1）购进商品时：

	借方	贷方
借：库存商品	2 260 000	
贷：银行存款		2 260 000

---

① 548.54＝565÷(1＋3%)。

② 16.46＝548.54×3%。

(2) 销售商品时：

借：银行存款　　5 650 000

　贷：主营业务收入　　5 485 400

　　　应交税费——应交增值税　　164 600

(3) 缴纳增值税16.46万元时：

借：应交税费——应交增值税　　164 600

　贷：银行存款　　164 600

本书仅就一般纳税人的经济业务核算进行说明。但需要补充说明的是，本书在投资业务部分会涉及金融商品转让。金融商品，主要指外汇、有价证券、非货物期货、基金、信托、理财产品等各类资产管理产品、各种金融衍生品。其中，有价证券主要指股票、债券。金融商品转让是指转让外汇、有价证券、非货物期货和其他金融商品所有权的业务活动。但购入基金、信托、理财产品等各类资产管理产品持有至到期的，不属于金融商品转让行为。

按照规定，金融商品持有期间（含到期）利息（保本收益、报酬、资金占用费、补偿金等）收入、信用卡透支利息收入、买入返售金融商品利息收入、融资融券收取的利息收入，以及融资性售后回租（承租方以融资为目的，将资产出售给从事融资性售后回租业务的企业后，从事融资性售后回租业务的企业将该资产出租给承租方的业务活动）、押汇、罚息、票据贴现、转贷等业务取得的利息及利息性质的收入，按照贷款服务缴纳增值税。以货币资金投资收取的固定利润或者保底利润，按照贷款服务缴纳增值税。

金融商品转让，将卖出价扣除买入价后的余额作为销售额。转让金融商品出现的正负差，将盈亏相抵后的余额作为销售额。若相抵后出现负差，可结转下一纳税期与下期转让金融商品销售额相抵，但年末时仍出现负差的，不得转入下一个会计年度。金融商品的买入价，可以选择按照加权平均法或者移动加权平均法进行核算，选择后36个月内不得变更。金融商品转让，不得开具增值税专用发票。转让金融商品应交增值税的计算公式为：

$$转让金融商品应交增值税=(转让价-买入价)\div(1+6\%)\times 6\%$$

在会计处理上，金融商品实际转让月末，如果产生转让收益，则按应纳税额借记“投资收益”① 等科目，贷记“应交税费——转让金融商品应交增值税”科目；如产生转让损失，则按可结转下月抵扣税额，借记“应交税费——转让金融商品应交增值税”科目，贷记“投资收益”等科目。缴纳增值税时，应借记“应交税费——转让金融商品应交增值税”科目，贷记“银行存款”科目。年末，“应交税费——转让金融商品应交增值税”科目如有借方余额，则借记“投资收益”等科目，贷记“应交税费——转让金融商品应交增值税”科目。

二、增值税核算需要设置的账户

2016年12月3日，为规范增值税会计处理，财政部制定并出台了《增值税会计处理

① 金融资产出售收益作为投资收益，见第七章相关说明和举例。

规定》，要求增值税一般纳税人应当在“应交税费”科目下设置“应交增值税”“未交增值税”“预交增值税”“待抵扣进项税额”“待认证进项税额”“待转销项税额”“增值税留抵税额”“简易计税”“转让金融商品应交增值税”“代扣代交增值税”等明细科目。增值税一般纳税人应在“应交增值税”明细科目内设置“进项税额”“销项税额抵减”“已交税金”“转出未交增值税”“转出多交增值税”“减免税款”“出口抵减内销产品应纳税额”“销项税额”“出口退税”“进项税额转出”等专栏。一般纳税人与增值税相关的科目设置见表5-3。

表5-3　一般纳税人与增值税相关的科目设置

总科目	明细科目①	“应交增值税”明细科目专栏
应交税费	应交增值税	进项税额
	未交增值税	销项税额抵减
	预交增值税	已交税金
	待抵扣进项税额	转出未交增值税
	待认证进项税额	转出多交增值税
	待转销项税额	减免税款
	增值税留抵税额	出口抵减内销产品应纳税额
	简易计税	销项税额
	转让金融商品应交增值税	出口退税
	代扣代交增值税	进项税额转出

注：本表仅作为课外学习参考之用，不是本书要求掌握的内容。

① 为便于实行增值税加计扣除的以邮政服务、电信服务、现代服务、生活服务为主（要求是业务销售额占比50%以上）的经营单位，对按规定准予加计扣除10%的进项税进行核算，可以在“应交增值税”明细科目下设“进项税额加计抵减额”专栏。

第六章 经营业务

第一节 材料采购

一、材料采购业务及其会计处理

（一）材料采购业务及其主要内容

材料采购是企业生产经营活动的初始阶段，会计上需要准确核算采购的各种材料的实际成本。只有材料成本准确，才能准确核算生产产品耗用的材料成本和产品的生产成本，进而准确核算销售产品所实现的利润、应缴纳的相关税费等。因此，会计上对材料采购业务核算的过程，也是材料成本的核算过程。

存货的采购成本，包括购买价款、相关税费、运输费、装卸费、保险费以及其他可归属于存货采购成本的费用。

购买价款是指企业购入材料或商品的发票账单上列明的价款，但不包括按规定可抵扣的增值税进项税额；相关税费是指企业购买存货发生的进口关税以及不能抵扣的增值税进项税额等应计入存货采购成本的税费，应注意，小规模纳税人与购入货物相关的增值税计入存货成本，一般纳税人与购入货物相关的增值税可以抵扣的，不计入存货成本，不能抵扣的，应计入存货成本；其他可归属于存货采购成本的费用是指采购过程中发生的包装费、仓储费、运输途中的合理损耗、入库前的挑选整理费用等。

下列费用应当在发生时确认为当期损益，不计入存货成本：

（1）非正常消耗的直接材料、直接人工和制造费用。

（2）采购入库后发生的仓储费用（不包括在生产过程中为达到下一个生产阶段所必需的费用）。

（3）不能归属于使存货达到目前场所和状态的其他支出。

（4）商品流通企业在采购商品过程中发生的运输费、装卸费、保险费以及其他可归属于存货采购成本的费用等进货费用，应当计入存货采购成本；商品流通企业采购商品的进货费用金额较小的，可以于发生时计入当期销售费用。

（5）企业采购用于广告营销活动的特定商品，向客户预付货款未取得商品时，应作为预付账款进行会计处理，待取得相关商品时计入当期损益。企业取得广告营销性质的服务，比照该原则进行处理。

（二）材料采购核算需要设置的主要账户及会计处理方法

在实际工作中，材料的采购成本一般通过“材料采购”账户进行归集。材料采购明细账一般按材料种类设置。

企业支付材料价款和运杂费等时，按应计入材料采购成本的金额，借记“材料采购”账户，按可抵扣的增值税进项税额，借记“应交税费——应交增值税（进项税额）”账户，按实际支付或应付的款项，贷记“银行存款”“库存现金”“其他货币资金”“应付账款”“应付票据”“预付账款”等账户。材料采购业务结束，材料已经入库，并已计算出材料采购成本时，借记“原材料”账户，贷记“材料采购”账户，期末，“材料采购”账户的借方余额可理解为在途材料的成本（也属于存货）。“材料采购”账户的基本结构和登记的主要内容如图6-1所示。

材料采购

借方	贷方
期初余额：期初在途材料成本	
本期发生额：采购材料发生的各项材料成本	本期发生额：入库材料成本

图6-1　“材料采购”账户

材料采购过程中应注意的问题有：外购材料在运输途中发生人为损失，应向过失人索取的赔偿，不计入采购成本；自然灾害造成的非正常损失（其进项税可以抵扣），扣除保险赔款及残值后的净损失，计入营业外支出；属于无法查明原因的途中损耗，先作为待处理财产损溢核算，待查明原因后再做处理；市内零星货物运杂费、采购人员的差旅费、采购机构的经费以及供应部门经费，一般都不应计入存货的采购成本；如果企业日常发生的采购费用较少，为简化核算，可直接计入当期管理费用；因管理不善造成被盗、丢失、霉烂变质导致的非正常损失的进项税（包括非正常损失的购进货物及相关的应税劳务的进项税，以及非正常损失的在产品、产成品所耗用的购进货物或者应税劳务的进项税）不可抵扣。

二、采购业务核算举例

例6-1　20×1年12月6日，甲公司从朝阳公司购进甲、乙、丙三种材料：

甲材料4 000千克，单价20元，价款80 000元，增值税10 400元，货款总额90 400元，全额支付，材料验收入库；

乙材料3 000千克，单价15元，价款45 000元，增值税5 850元，货款总额50 850元，全额支付，材料验收入库；

丙材料5 000千克，单价30元，价款150 000元，增值税19 500元，货款总额169 500元，材料验收入库，按合同约定货款未付。

甲公司根据上述业务整理的材料采购基本情况如表6-1所示。

表 6-1 材料采购基本情况

材料		朝阳工厂	朝阳工厂	朝阳工厂	合计
甲材料	数量（千克）	4 000.00			4 000.00
	单价（元）	20.00			20.00
	金额	80 000.00			80 000.00
乙材料	数量（千克）		3 000.00		3 000.00
	单价（元）		15.00		15.00
	金额		45 000.00		45 000.00
丙材料	数量（千克）			5 000.00	5 000.00
	单价（元）			30.00	30.00
	金额			150 000.00	150 000.00
金额合计		80 000.00	45 000.00	150 000.00	275 000.00

甲公司依据相关原始凭证，进行如下会计处理：

借：材料采购——甲材料　　80 000
　　　　　　——乙材料　　45 000
　　　　　　——丙材料　　150 000
　　应交税费——应交增值税（进项税额）　　35 750
　贷：银行存款——××银行（××户）　　141 250
　　　应付账款——朝阳工厂　　169 500

例 6-2 承例 6-1，20×1 年 12 月 8 日，甲公司以银行存款支付甲、乙、丙三种材料的运输费，价款 4 800 元，进项税额 432 元，价税合计 5 232 元，全部以银行存款支付。应计入材料成本的运输费金额为 4 800 元；可抵扣的进项税额 432 元作为应交税费处理。假定按材料重量分配运输费用。运输费用的分配标准和分配结果如下：

甲材料 4 000 千克，乙材料 3 000 千克，丙材料 5 000 千克，共 12 000 千克。应计入材料成本的运输费用总计 4 800 元，则分配计入三种材料的运输费用金额分别为：

甲材料应负担的运输费用＝4 000×（4 800÷12 000）＝1 600（元）

乙材料应负担的运输费用＝3 000×（4 800÷12 000）＝1 200（元）

丙材料应负担的运输费用＝5 000×（4 800÷12 000）＝2 000（元）

甲公司根据购买甲、乙、丙三种材料运输费的相关原始凭证及运输费用分配结果等，进行如下会计处理：

借：材料采购——甲材料　　1 600
　　　　　　——乙材料　　1 200
　　　　　　——丙材料　　2 000
　　应交税费——应交增值税（进项税额）　　432
　贷：银行存款——××银行（××户）　　5 232

例 6-3 承例 6-1，20×1 年 12 月 9 日，甲公司支付甲、乙、丙三种材料的搬运费，价款 740 元，进项税额 44.40 元，价税合计 784.40 元，全部以现金支付。应计入材料成本的搬运费金额为 740 元，可抵扣的进项税额 44.40 元作为应交税费处理。假定按材料重量分配搬运费用 740 元，则分配计入三种材料的搬运费用金额分别为：

甲材料应负担的搬运费＝4 000×（740÷12 000）＝247（元）

乙材料应负担的搬运费＝3 000×（740÷12 000）＝185（元）

丙材料应负担的搬运费＝5 000×（740÷12 000）＝308（元）

甲公司根据购买甲、乙、丙三种材料搬运费的相关原始凭证及搬运费分配结果等，进行如下会计处理：

借：材料采购——甲材料　　247.00

——乙材料　　185.00

——丙材料　　308.00

应交税费——应交增值税（进项税额）　　44.40

贷：库存现金　　784.40

根据例 6-1～例 6-3，通过材料采购明细账可以分别得到甲、乙、丙三种材料发生的采购成本及其构成，如表 6-2 所示。

表 6-2　采购成本及其构成　　单位：元

项目	买价	运输费	搬运费	合计
甲材料	80 000	1 600	247	81 847
乙材料	45 000	1 200	185	46 385
丙材料	150 000	2 000	308	152 308
合计	275 000	4 800	740	280 540

例 6-4　沿用例 6-1～例 6-3 的资料，20×1 年 12 月 9 日，甲公司根据购买的甲、乙、丙三种材料的实际成本，确定入库的该三种材料的成本，并进行如下会计处理：

借：原材料——甲材料　　81 847

——乙材料　　46 385

——丙材料　　152 308

贷：材料采购——甲材料　　81 847

——乙材料　　46 385

——丙材料　　152 308

例 6-5　20×1 年 12 月 19 日，甲公司按合同约定向红星公司预付购买 A 材料的货款 10 000 元，材料将按合同约定于月末收到。甲公司根据相关原始凭证，进行如下会计处理：

借：预付账款——红星公司　　10 000

贷：银行存款——××银行（××户）　　10 000

例 6-6　承例 6-5，20×1 年 12 月 30 日，甲公司收到从红星公司购买的 A 材料，并验收入库。该批材料的买价为 20 000 元，增值税为 2 600 元，除当月 19 日预付的货款 10 000 元外，又以银行存款补付差价款 12 600 元；同时以现金支付购买 A 材料的采购费用 218 元（其中价款 200 元，准予抵扣的增值税 18 元）。在该业务中，购买的 A 材料成本为 20 200（20 000＋200）元，支付的进项税总额为 2 618（2 600＋18）元，货款及采购费用总额中有 10 000 元为 20×1 年 12 月 19 日的预付账款，以银行存款支付 12 600 元，以现金支付采用费用 218 元。根据相关原始凭证，甲公司做如下会计处理：

(1) 借：材料采购——A 材料 20 200
　　应交税费——应交增值税（进项税额） 2 618
　贷：预付账款——红星公司 10 000
　　银行存款——××银行（××户） 12 600
　　库存现金 218
(2) 借：原材料——A 材料 20 200
　贷：材料采购——A 材料 20 200

第二节 生 产

一、产品生产业务及其会计核算

（一）存货与生产的关系

根据《企业会计准则第 1 号——存货》的规定，存货是指企业在日常活动中持有以备出售的产成品或商品、处在生产过程中的在产品、在生产过程或提供劳务过程中耗用的材料和物料等。存货在符合定义的情况下，同时满足两个条件才能予以确认：一是与该存货有关的经济利益很可能流入企业；二是该存货的成本能够可靠地计量。

从存货的具体构成上看，存货包括各类原材料、在产品、半成品、库存商品、商品以及周转材料（含包装物、低值易耗品）等。其中：原材料，指企业在生产过程中经加工改变其形态或性质并构成产品主要实体的各种原料及主要材料、辅助材料、外购半成品、修理用备件、包装材料、燃料等。在产品，指企业正在制造尚未完工的生产物，包括正在各个工序加工的产品，和已加工完毕但尚未检验或已检验但尚未办理入库手续的产品。半成品，指经过一定生产过程并已检验合格交付半成品仓库保管，但尚未制造完工成为库存商品，仍需进一步加工的中间产品，但不包括从一个生产车间转给另一个生产车间继续加工的自制半成品以及不能单独计算成本的自制半成品。库存商品，指企业已经完成全部生产过程并验收入库，可以按照合同规定的条件送交订货单位，或者可以作为商品对外销售的产品；企业接受外来原材料加工制造的代制品和为外单位加工修理的代修品，制造和修理完成并验收入库后，应视同企业的库存商品。商品，指可供销售的物品。工业企业的商品包括用本企业自备原材料生产的库存商品和对外销售的半成品等；商品流通企业的商品包括外购或委托加工完成并验收入库用于销售的各种商品。周转材料，指企业能够多次使用、逐渐转移其价值但仍保持其原有形态并不确认为固定资产的材料，如包装物和低值易耗品。

可以看出，存货与生产有着直接联系，为生产而储备的材料，生产中的在制品，已完成生产过程并可对外出售的产成品，为生产产品周转使用的材料等都属于存货。为便于存货管理，会计上需要设置相应的账户对存货进行核算，如“原材料”“库存商品”账户等。

（二）费用、营业成本与期间费用

1. 费用、营业成本与期间费用的含义

会计要素角度的费用是指企业在日常活动中发生的、会导致所有者权益减少的、与向所有者分配利润无关的经济利益的总流出。从利润表视角看，大致分为营业成本和期间费用两大类。

（1）就制造业而言，营业成本主要是企业为生产产品发生的可归属于产品成本的费用。在确认产品销售收入时，将已销售产品成本以营业成本的形式计入当期损益。也就是在销售商品时将为生产这些对外销售的产品所消耗的生产成本计入当期损益的成本，会计核算上一般根据其业务内容属于主营业务还是其他业务，分别以“主营业务成本”和“其他业务成本”核算。

（2）期间费用主要指不能直接归属于某个特定产品成本的费用。企业发生的不产生经济利益的支出，或者即使能够产生经济利益但不符合或者不再符合资产确认条件的，应当在发生时确认为费用，计入当期损益。主要包括销售费用、管理费用、研发费用和财务费用等。其中：

销售费用主要是指企业在销售商品和材料、提供劳务的过程中发生的各种费用，包括保险费、包装费、展览费和广告费、商品维修费、预计产品质量保证损失、运输费、装卸费等以及为销售本企业商品而专设的销售机构的职工薪酬、业务费、折旧费等经营费用。企业一般设置“销售费用”科目对销售费用进行核算。

管理费用是指企业为组织和管理企业生产经营所发生的管理费用，包括企业董事会和行政管理部门在企业经营管理中发生的，或者应当由企业统一负担的公司经费、工会经费、待业保险费、劳动保险费、董事会费、聘请中介机构费、咨询费、诉讼费、业务招待费、办公费、差旅费、邮电费、绿化费、管理人员工资及福利费等。企业一般设置“管理费用”科目对管理费用进行核算。

研发费用反映企业进行研究与开发过程中发生的费用化支出，以及计入管理费用的自行开发无形资产的摊销。研发费用较多的企业，应设置“研发费用”科目核算企业的研发费用，一般企业在发生研发费用时，可将研发费用根据其具体业务记入“管理费用”科目中的相关项目内（如研发费用、无形资产摊销等），但编制报表时应将管理费用中属于研发费用的部分作为研发费用而不能作为管理费用予以列示。

财务费用主要指企业为筹集生产经营所需资金等而发生的筹资费用，包括利息支出（减利息收入）、汇兑差额以及相关的手续费等。企业一般设置“财务费用”科目对财务费用进行核算。

2. 生产成本与营业成本的关系

生产成本是企业为生产一定种类和数量的产品直接消耗的原材料、人工及其他归属于该产品成本的其他费用等的耗费总计，又称产品制造成本。产品成本构成项目一般包括直接材料、直接人工和制造费用，简称“料工费”。其中：直接材料是指直接用于产品生产，构成产品实体的原料、主要材料、外购半成品、有助于产品形成的辅助材料以及其他直接材料。直接人工是指生产工人的职工薪酬①。制造费用是指生产单位或生产部门为组织和

① 职工薪酬指的是企业为了获得职工提供的服务或者与职工解除劳动关系后给予职工的以多种形式存在的报酬或者补偿，包括短期薪酬、离职后福利、辞退福利以及长期职工福利。职工的配偶、子女以及其他受益人享受的福利也属于职工薪酬的范围。

管理生产活动而发生的各项应由两种及两种以上的产品成本共同负担，但发生时难以具体确定各成本计算对象应承担的具体金额的间接费用，包括车间管理人员的工资和福利费、折旧费、修理费、办公费、水电费、机物料消耗、劳动保护费等。当企业燃料和动力消耗较多，燃料和动力费用在产品成本中所占比重较大时，可增设“燃料和动力”成本项目。

营业成本是将商品销售以后作为费用要素以营业成本反映的已销商品的成本。

生产成本多表现为企业的存货资产，如生产过程中的在制品以及完成生产阶段但尚未实际出售的产成品或商品。营业成本是费用要素的一种表现。两者的关系可以通过下列简例予以说明。

例 6-7 假定甲公司 20×1 年 1 月 1 日开始生产营业，1 月为生产产品投入的材料为 200 万元，投入的生产产品的人工费用为 60 万元，为生产产品消耗的其他费用为 40 万元，为企业管理发生的费用为 10 万元，为销售产品发生的销售费用为 8 万元，发生的办理银行结算等属于期间费用的财务费用为 2 万元。1 月完工产品的成本共计 200 万元，其中对外销售的产品成本为 180 万元。在不考虑其他因素的情况下，根据前述解释说明，可以获得甲公司 1 月的如下会计信息：

(1) 发生的产品生产成本共 300（200＋60＋40）万元；

(2) 完工产品成本为 200 万元，其中销售的产品成本（营业成本）为 180 万元，库存商品（产成品）成本为 20 万元；

(3) 在产品成本为 100（300－200）万元；

(4) 管理费用为 10 万元；

(5) 销售费用为 8 万元；

(6) 财务费用为 2 万元。

从上述各项数据可以看出，甲公司 1 月的生产成本为 300 万元；1 月的营业成本为 180 万元；1 月的期间费用共 20 万元，其中管理费用 10 万元，销售费用 8 万元，财务费用 2 万元。

二、产品生产业务核算需要设置的主要账户

产品生产业务的核算主要表现为生产成本的核算。一般情况下，企业以产品品种为成本核算对象，使用“生产成本”“制造费用”等账户核算产品成本。

“生产成本”账户专门核算生产产品消耗的料工费，并将本账户数据按一定方法和程序对完工产品成本和在产品成本进行分配。“制造费用”账户专门核算为生产产品发生的应由产品负担但不属于直接材料、直接人工和其他直接费用的各项费用。

企业发生为产品生产而耗费直接材料、直接人工及其他直接制造费用（如为生产某产品直接消耗的水电费等）时，直接记入“生产成本”账户；为生产几种产品共同发生但发生时无法直接分配给各种产品计算的费用，在发生该消耗时，先记入“制造费用”账户，会计期末，将发生的各项制造费用依照受益原则确定的既定分配标准（如按照当月生产工时、按照当月直接人工或按照当月生产量等）分配转入“生产成本”账户中的相关成本计算对象中；月末，将“生产成本”账户中记录的生产成本总额，依照企业根据生产经营特点确定的完工产品成本计算方法，在完工产品和在产品之间合理分配，从而确定入库产品的成本；将

产品出售后，按照一定的存货发出成本计算方法确定已销产品的销售成本及营业成本。

“生产成本”和“制造费用”账户的核算内容及关联关系，简要表示如下，见图6－2、图6－3。

生产成本

期初余额：期初未完工产品的成本	
本期发生额：当期发生的直接生产费用、本期分配计入的间接生产费用	本期发生额：本期转为产成品的成本
期末余额：未完工产品的成本	

图6－2 “生产成本”账户

制造费用

本期发生额：本期发生的各种制造费用（折旧费、修理费、车间管理人员的薪酬、未按产品成本计算对象独立计量的水电费等）	本期发生额：期末按照一定标准（生产工时、产量、直接人工费用等）分配转入各产品计算对象的制造费用

图6－3 “制造费用”账户

企业消耗的各项料工费，有些用于产品生产，有些可能用于其他方面。在会计上，需要根据消耗料工费的具体用途并按照受益原则分别计入产品生产成本、期间费用或其他项目（如营业外支出等）。也就是说，为准确核算产品生产成本，不仅要明确企业消耗了多少料工费，还需要明确这些料工费因为什么活动而各消耗了多少。比如某月份消耗的A材料费用共7 000元，其中为生产产品消耗了6 000元，为销售业务耗费了400元，对外捐赠600元。

（一）材料消耗

根据消耗材料的用途，企业发出的材料分别作为生产成本、制造费用、管理费用、营业外支出等核算。

发出材料的价值根据企业依存货管理方式确定的发出存货计价方法进行计算和确定。《企业会计准则第1号——存货》规定，企业可采用先进先出法（first in first out，FIFO）、移动平均法（moving average method，MAM）、月末（全月）一次加权平均法（weighted average method，WAM）、个别计价法（specific identification method）等确定发出存货的实际成本。

1. 先进先出法

先进先出法是指以先购入的存货应先发出（销售或耗用）这样一种存货实物流转假设为前提，对发出存货进行计价的一种方法。先进先出法下，如果存货的市价呈上升趋势，则发出成本偏低，会高估企业当期利润和库存存货价值，增加企业的税收负担，不利于企业资本保全；反之，会低估企业当期利润和库存存货价值。在手工操作方式下，材料种类较多且每种材料采购批次较多时，先进先出法的计算工作量比较大。

2. 移动平均法

移动平均法是指每增加一次存货，就重新计算一次存货平均单位成本的方法，每次发出存货成本按发出前确定的平均单位成本确定。其计算公式是：

存货平均单位成本＝(原有库存存货的实际成本＋本次进货的实际成本)÷(原有库存存货数量＋本次进货数量)

本次发出存货的成本＝本次发出存货的数量×本次发货前存货的平均单位成本

本月末库存存货成本＝月末库存存货的数量×本月末存货平均单位成本

3. 月末（全月）一次加权平均法

月末（全月）一次加权平均法是指在月末时计算本月存货的平均单位成本，并按该平均单位成本计算本月发出存货成本的方法。其计算公式是：

存货平均单位成本＝(月初库存存货的实际成本＋$\sum$本月某批进货的实际单位成本×本月某批进货的数量)÷(月初库存存货数量＋本月各批进货数量之和)

本月发出存货的成本＝本月发出存货的数量×存货平均单位成本

本月末库存存货成本＝月末库存存货的数量×存货平均单位成本

存货成本按照平均成本（包括移动平均法和月末一次加权平均法）计算，避免了存货成本波动对发出存货成本的影响；但在手工操作方式下，计算工作量较大。在物价变动幅度较大的情况下，按加权平均法计算的期末存货价值与现行成本有较大的差异。

4. 个别计价法

个别计价法是指对于不能替代使用的存货、为特定项目专门购入或制造的存货以及提供的劳务，按其单独可辨认的成本确定发出存货成本的方法。个别计价法下，发出存货和期末存货的成本比较准确，但实务操作的工作量繁重，困难较大。该方法适用于独立存放并容易识别、存货品种数量不多、单位成本较高的存货的计价，例如珠宝、名画等贵重物品。

（二）职工薪酬

1. 职工薪酬的范围和内容

职工薪酬是指企业为获得职工提供的服务或解除劳动关系而给予的各种形式的报酬或补偿，包括短期薪酬、离职后福利、辞退福利、其他长期职工福利。企业提供给职工配偶、子女、受赡养人、已故员工遗属及其他受益人等的福利，也属于职工薪酬。其中，职工是指与企业订立劳动合同的所有人员，含全职、兼职和临时职工，也包括虽未与企业订立劳动合同但由企业正式任命的人员，以及向企业所提供服务与职工所提供服务类似的人员（如与劳务中介公司签订用工合同而向企业提供服务的人员等）。

（1）短期薪酬。

短期薪酬是指企业在职工提供相关服务的年度报告期间结束后12个月内需要全部予以支付的职工薪酬（因解除与职工的劳动关系给予的补偿除外）。包括：职工工资、奖金、津贴和补贴，职工福利费，医疗保险费、工伤保险费和生育保险费等社会保险费，住房公积金，工会经费和职工教育经费，短期带薪缺勤，短期利润分享计划，非货币性福利以及其他短期薪酬。

（2）离职后福利。

离职后福利是指企业为获得职工提供的服务而在职工退休或与企业解除劳动关系后，提供的各种形式的报酬和福利（不包括短期薪酬和辞退福利）。

（3）辞退福利。

辞退福利是指企业在职工劳动合同到期之前解除与职工的劳动关系，或者为鼓励职工自愿接受裁减而给予的补偿。

（4）其他长期职工福利。

其他长期职工福利是指除短期薪酬、离职后福利、辞退福利之外所有的职工薪酬，包括长期带薪缺勤、长期残疾福利、长期利润分享计划等。

本部分仅就短期薪酬的一般性内容进行说明，重点说明人工费用计入生产成本的方式和方法，并简要说明职工薪酬、“五险一金”、工会经费及个人所得税的会计处理。

2. 职工薪酬的核算方法

实际工作中，职工工资一般按月发放，且企业支付职工薪酬采用下发薪制[①]。包括职工工资在内的职工薪酬一般通过“应付职工薪酬”账户进行核算。会计上，应根据职工服务的部门和领域不同，将应付职工薪酬分别记入“生产成本”“制造费用”“管理费用”“销售费用”“在建工程”“研发支出”等账户。其中，产品生产人员的工资计入生产成本，专门从事产品生产管理人员（如车间管理人员）的工资计入制造费用，企业管理人员的工资计入管理费用，销售部门的职工工资计入销售费用，在建工程人员的工资计入在建工程，研发人员的工资计入研发支出[②]等。

按规定，企业承担的“五险一金”（基本养老保险、基本医疗保险、失业保险、工伤保险、生育保险及住房公积金）及工会经费一并作为应付职工薪酬，并根据职工服务的部门和领域不同，采用与前述一致的方法分别计入生产成本、制造费用、管理费用、销售费用、在建工程、研发支出等。

除“五险一金”和工会经费以外的应付职工薪酬，一般先扣除职工个人负担的“三险一金”（基本养老保险、基本医疗保险、失业保险及住房公积金）后，再根据扣除“三险一金”后的职工薪酬按规定计算扣除应缴纳的个人所得税，剩余部分作为实发工资向职工发放。假如对职工有其他代扣款项（如代职工缴纳的水费、电话费等），也一并扣除，作为代扣代缴款项支付给有关部门或机构。

按规定，企业负担的“五险一金”及个人负担的“三险一金”，依照上年平均工资和规定的缴纳比例计算确定，工会经费一般按当月工资的 2%向工会缴纳。

企业按照有关规定向职工支付工资、奖金、津贴等薪酬，借记“应付职工薪酬”账

① 每月应付职工的工资于下个月发放。如果当月发放当月工资，则为上发薪制。无论是上发薪制还是下发薪制，会计上都需要通过“应付职工薪酬”账户进行核算，以便进行工资统计。

② 会计期末，研发支出中的研究费用及开发未成功的开发支出转入“管理费用”账户中的研发费用或“研发费用”账户；形成无形资产的，按开发该无形资产的开发成本转入“无形资产”账户。

户，贷记“银行存款”等账户；从应付职工薪酬中代扣各种款项（代扣“三险一金”、个人所得税等），借记“应付职工薪酬”账户，贷记“其他应付款”“应交税费——应交个人所得税”等账户。

（三）其他消耗

这里所指的其他消耗是指除材料和人工以外的其他费用，主要包括固定资产折旧及其他费用等。

1. 固定资产折旧

固定资产是指使用期限（寿命）超过 1 年的房屋、机器、机械、建筑物、运输工具以及其他与生产、经营有关的设备、工具、器具等。固定资产一般具有以下特征：(1) 属于有形资产；(2) 为生产商品、出租或经营管理而持有；(3) 使用年限超过 1 年；(4) 单位价值较高；(5) 不属于生产经营主要设备的物品，但单位价值在 2 000 元以上，并且使用年限超过 2 年的，也作为固定资产。

固定资产折旧是指在固定资产使用寿命内，按照确定的方法对应计折旧额进行系统分摊。应计折旧额，是指应当计提折旧的固定资产的原价扣除其预计净残值后的金额。已计提减值准备的固定资产，还应当扣除已计提的固定资产减值准备累计金额。预计净残值，是指假定固定资产预计使用寿命已满并处于使用寿命终了时的预期状态，企业目前从该项资产处置中获得的扣除预计处置费用后的金额。

(1) 计提折旧的固定资产范围。

企业应当根据固定资产的性质和使用情况，合理确定固定资产的使用寿命和预计净残值。使用寿命、预计净残值一经确定，不得随意变更。除已提足折旧仍继续使用的固定资产和单独计价入账的土地外，应当对所有的固定资产计提折旧。固定资产应自达到预定可使用状态时开始计提折旧，终止确认时或划分为持有待售非流动资产时停止计提折旧。一般情况下，企业应当按月计提折旧，且当月增加的固定资产，当月不计提折旧，从下月起计提折旧；当月减少的固定资产，当月仍计提折旧，从下月起不计提折旧。固定资产提足折旧后，不论能否继续使用，均不再计提折旧，提前报废的固定资产也不再补提折旧。所谓提足折旧，是指已经提足该项固定资产的应计折旧额。对于已达到预定可使用状态但尚未办理竣工决算的固定资产，应当按照估计价值确定其成本并计提折旧，待办理竣工决算后再按实际成本调整原来的暂估价值，但不需要调整原已计提的折旧额。

处于更新改造过程中停止使用的固定资产，应将其账面价值转入在建工程，不再计提折旧。更新改造项目达到预定可使用状态转为固定资产后，再按重新确定的折旧方法和该项固定资产尚可使用寿命计提折旧。固定资产在定期大修理间隔期间，照提折旧。

(2) 折旧方法。

企业应当根据与固定资产有关的经济利益的预期实现方式，合理选择固定资产折旧方法。固定资产的折旧方法一经确定，不得随意变更。

可选用的折旧方法主要有年限平均法、工作量法、双倍余额递减法和年数总和法等。其中年限平均法和工作量法称为平均法或直线法（straight-line），双倍余额递减法和年数总和法称为加速折旧法（accelerated depreciation）。

1）平均法，是将固定资产的累计折旧按年或按固定资产提供的工作量（如汽车行驶里程）确定平均年折旧额或平均工作量折旧额的方法，各年或相同工作量的折旧额相等。在坐标图上，将每年或单位工作量的折旧额连接起来，形成一条直线，将累计折旧额在坐标图上连接起来，也表现为一条固定斜率的直线，因此该方法又称为直线法。

年限平均法举例如下。

例 6-8 假定某企业某类固定资产共有10台，该类固定资产原价共计80万元，平均预计净残值率为4%，预计平均使用年限为20年。该类固定资产在20年使用寿命期内的折旧总额为76.8［80×(1－4%)］万元，每年折旧额均为3.84万元，如果按月计提折旧，则每月折旧额为0.32万元。

工作量法举例如下。

例 6-9 假定某企业的某运输车辆原价20万元，预计净残值率为4%，预计行驶总里程为20万千米。该车辆在20万千米可行驶里程内的折旧总额为19.2万元，平均每行驶1万千米的折旧额为0.96万元。如果某月该车辆行驶里程为8 000千米，则该车辆在该月的折旧额为7 680元。

2）加速折旧法。加速折旧法基于这样一种基本理念：固定资产在其有效使用寿命期内的折旧总额和维持性费用（如修理费等）总额相对比较固定，但因维持性费用一般呈现递增趋势，为便于在固定资产使用寿命期内各会计期间确认的固定资产折旧费用与其维持性费用合计基本相当，以准确反映企业的经营业绩，同时也便于尽快收回固定资产成本，对固定资产采用前期多计折旧、后期少记折旧的方法。常见的国际通用的加速折旧法主要有两种：一是双倍余额递减法；二是年数总和法。

双倍余额递减法是用不考虑固定资产残值的直线法的双倍折旧率乘以逐年递减的固定资产期初净值，得出各年应提折旧额的方法。但采用这种方法会导致折旧金额出现“算不干净”的弊端，为解决这一问题，国际上一般采用将每年双倍余额递减法的折旧额与假定从目前改按直线法对未来应计折旧总额按尚可使用年限计提的折旧额进行比较，以较大者优先的方式确定折旧额。也就是说，在固定资产使用期间，若某一年度按双倍余额递减法计提的折旧额小于该年度按年限平均法计提的折旧额，则该年度可以改按年限平均法计提折旧，以便进一步加速折旧。在我国，一般采用简化方法处理，即：在固定资产使用期间的最后两年，改按年限平均法计提折旧。

例 6-10 甲公司某项固定资产的原价为20 000元，预计净残值率为3%，预计使用年限为5年。对该项固定资产采用双倍余额递减法计提折旧时，各年折旧情况如表6-3所示。

表 6-3 双倍余额递减法下各年折旧计算表

单位：元

年度	年初净值	双倍率*	年折旧额	累计折旧额	年末净值
1	20 000	40%	8 000	8 000	12 000
2	12 000	40%	4 800	12 800	7 200
3	7 200	40%	2 880	15 680	4 320
4	4 320	—	1 860	17 540	2 460
5	2 460	—	1 860	19 400	600

* 双倍率＝2÷5×100%＝40%。

应用双倍余额递减法，需要注意的问题是：计算双倍率仅考虑固定资产使用寿命，不考虑净残值；自固定资产开始计提折旧时起，每 12 个月（可以跨公历年度）为一个折旧年度，折旧年度内的每个月折旧额按年度折旧额平均计算；固定资产使用到期前最后两年（24 个月），将固定资产剩余净值扣除净残值后的金额作为剩余年限的应提折旧总额，平均计入最后 24 个月内。

例 6-11　以表 6-3 中的数字为例，假定甲公司从 20×1 年 9 月开始使用该固定资产，其折旧期限为 20×1 年 10 月至 20×6 年 9 月。甲公司对该固定资产各会计年度计提的折旧金额为：

20×1 年 10 月—20×1 年 12 月：2 000（8 000×3÷12）元；

20×2 年 1 月—20×2 年 12 月：7 200（8 000×9÷12+4 800×3÷12）元；

20×3 年 1 月—20×3 年 12 月：4 320（4 800×9÷12+2 880×3÷12）元；

20×4 年 1 月—20×4 年 12 月：2 625（2 880×9÷12+1 860×3÷12）元；

20×5 年 1 月—20×5 年 12 月：1 860 元；

20×6 年 1 月—20×6 年 9 月：1 395（1 860×9÷12）元。

年数总和法是将固定资产在有效使用寿命期内的应计折旧总额（即原值减去预计净残值后的净额）乘以一个逐年递减的分数（分数的分子代表固定资产尚可使用的年数，分母代表使用年限的逐年数字总和）计算每年折旧额的方法。这种方法设计的思路是：累计折旧总额应递减分配到固定资产使用寿命期内，各期折旧金额加总即该固定资产的累计折旧总额；递减分数分子的最大数就是折旧年限，递减分数的分母就是自开始计提折旧起各年计算的固定资产尚可使用年限累加数额，这样各递减分数相加的总和正好等于 1。

例 6-12　甲公司某项固定资产的原价为 20 000 元，预计净残值率为 3%（计 600 元），预计使用年限为 5 年。对该项固定资产采用双倍余额递减法计提折旧。该固定资产累计应提折旧总额为 19 400［20 000×(1−3%)］元，采用年数总和法确定的年数总和为 15［5+4+3+2+1，或 5×(5+1)÷2］，第 1 年至第 5 年各年使用的递减分数分别为 5/15，4/15，3/15，2/15 和 1/15。各年折旧情况如表 6-4 所示。

表 6-4　年数总和法下各年折旧计算表　　单位：元

年度	应提折旧总额	递减分数	年折旧额	累计折旧额
第 1 年	19 400	5/15	6 467	6 467
第 2 年	19 400	4/15	5 173	11 640
第 3 年	19 400	3/15	3 880	15 520
第 4 年	19 400	2/15	2 587	18 107
第 5 年	19 400	1/15	1 293*	19 400

* 1 293=19 400−18 107。

应用年数总和法，需要注意的问题是：每个折旧年度按照递减分数将固定资产应计折旧总额在各折旧年度进行分配；折旧年度内的每个月折旧额按年度折旧额平均计算，最后一个折旧年度或最后一个月的折旧额一般采用倒挤方法计算，即将计算尾数的影响挤入最后一年（或最后一个月），以保证提取的累计折旧总额等于固定资产应计折旧总额。

例 6-13　以表 6-4 中的数字为例，假定甲公司从 20×1 年 9 月开始使用该固定资产，其折旧期限为20×1年10月至20×6年9月。甲公司对该固定资产各会计年度计提的折旧金额为：

20×1年10月—20×1年12月：1 616.75（6 467×3÷12）元；

20×2年1月—20×2年12月：6 143.5（6 467×9÷12+5 173×3÷12）元；

20×3年1月—20×3年12月：4 849.75（5 173×9÷12+3 880×3÷12）元；

20×4年1月—20×4年12月：3 556.75（3 880×9÷12+2 587×3÷12）元；

20×5年1月—20×5年12月：2 263.5（2 587×9÷12+1 293×3÷12）元；

20×6年1月—20×6年9月：969.75（1 293×9÷12）元。

（3）会计折旧与税法折旧。

关于固定资产折旧问题，需要补充说明的是，固定资产折旧方法和折旧年限由企业根据实际情况在允许的范围内自定，但在税务处理上应严格按照相关规定执行。一般情况下，税法及相关税务规定的方法是指纳税处理方法。如：

根据《中华人民共和国企业所得税实施条例》的规定，除国务院财政、税务主管部门另有规定外，固定资产计算折旧的最低年限为：房屋、建筑物，20年；飞机、火车、轮船、机器、机械和其他生产设备，10年；与生产经营活动有关的器具、工具、家具等，5年；飞机、火车、轮船以外的运输工具，4年；电子设备，3年。根据财政部和国家税务总局发布的《关于进一步完善固定资产加速折旧企业所得税政策的通知》的规定，对轻工、纺织、机械、汽车四个领域重点行业的企业于2015年1月1日后新购进的固定资产，可由企业选择缩短折旧年限或采取加速折旧的方法计提折旧。

符合条件的六大行业（生物药品制造业，专用设备制造业，铁路、船舶、航空航天和其他运输设备制造业，计算机、通信和其他电子设备制造业，仪器仪表制造业，信息传输、软件和信息技术服务业），于2014年1月1日后购进的固定资产，允许按不低于《企业所得税法》规定的最低折旧年限的60%缩短折旧年限，或选择采取双倍余额递减法或年数总和法进行加速折旧。

对轻工、纺织、机械、汽车小型微利企业于2018年1月1日后新购进用于研发的仪器、设备，单位价值不超过500万元的，允许一次性计入当期成本费用在税前扣除；超过500万元的，可按60%的比例缩短折旧年限，或采取双倍余额递减法等加速折旧。

（4）折旧的核算。

一般情况下，固定资产原值可以反映本企业生产经营所需固定资产的规模，是简单再生产的劳动物资的最少投入量。会计为管理而生、为管理而存。在固定资产核算上，企业需要通过固定资产原始价值反映企业的生产经营规模。因此对固定资产提取折旧后，出于管理目的，应单设“累计折旧”账户反映固定资产已经提取的累计折旧金额，进而通过“固定资产”账户反映企业固定资产更新的原始规模，通过“固定资产”账户反映的原值和“累计折旧”账户反映的累计折旧金额，获得固定资产现有价值（如果固定资产提取过减值准备，还应扣除固定资产减值准备）。

固定资产折旧是固定资产价值的消耗，该消耗应根据固定资产的具体使用情况，分别作为生产成本、制造费用、研发支出、在建工程、管理费用、销售费用等核算。

企业提取固定资产折旧时，借记“生产成本”“制造费用”“研发支出”“在建工程”

“管理费用”“销售费用”等账户，贷记“累计折旧”账户。

2. 其他费用

生产耗费中的其他费用是指除材料消耗、人工费用、折旧费用以外的费用消耗。依权责发生制原则，其他费用的实际消耗所属会计期间与实际支付所属会计期间之间有三种情况：当期费用（实际消耗所属会计期间与实际支付所属会计期间一致），预付费用（如长期待摊费用），应付费用（如应付利息、应付修理费等）。关于应付费用，可以借助第四章第一节关于借款利息的核算方法加以理解。下面仅就长期待摊费用的一般核算原理加以说明。

长期待摊费用是指企业已经支出，但摊销期限在一年以上的各项费用。包括租入固定资产的改良支出及摊销期限在一年以上的其他待摊费用等。长期待摊费用不能全部计入当年损益，应当在以后年度内分期摊销。

根据《企业会计准则》的规定，企业的开办费和日常修理费均一次性计入当期损益。其中开办费计入当期管理费用，日常修理费计入销售费用或管理费用（即修理费一律费用化）。开办费是指企业在筹建期间所发生的费用，包括职工薪酬、办公费用、培训支出、差旅费、印刷费、注册登记费以及不计入固定资产价值的借款费用等。

摊销期限在一年以上的待摊费用，一般都通过“长期待摊费用”账户核算，并按其受益期进行摊销。资产负债表中“长期待摊费用”项目的数额，反映的是企业各项尚未摊销完的长期待摊费用的摊余价值或称待摊销金额。

（四）产品成本核算

通过前述内容和核算方法可知，企业为生产一定种类和数量的产品所发生的生产成本，根据其是直接费用还是间接费用，分别记入了“生产成本”和“制造费用”账户。为计算产品成本，需要将制造费用按一定标准和方法分配计入相关产品的生产成本，进而通过一定的产品成本计算方法，将为制造产品发生的所有耗费在完工产品与在产品之间进行分配。可以说，产品成本的计算过程就是各项耗费分配的过程。

实际工作中，产品成本的计算过程就是依次划分如下界限的过程：

（1）正确划分应计入产品成本和不应计入产品成本的界限。如有些耗费应计入管理费用、销售费用、研发支出、营业外支出等，会计上不能将此类耗费计入产品成本。

（2）正确划分各月份的费用界限。应计入产品成本的各项费用中属于本期应负担的部分，计入本期生产成本；属于非本期负担的部分，计入其他会计期间，并通过“长期待摊费用”“其他应付款”等账户核算。

（3）正确划分不同产品的成本界限。如直接费用直接计入某产品的生产成本，间接费用应计入制造费用，月末再将制造费用按一定标准（如生产工时、直接人工等）和方法分配计入不同产品的生产成本。

（4）正确划分完工产品和在产品的费用界限。为生产一定种类和数量的产品发生的所有耗费，应结合企业的生产工艺流程（多步骤生产、单步骤生产等）和生产管理及组织特点（定额管理、生产进度测量准确度等，大量、大批、单件等）、成本对象等，采用品种法、分批法、分步法，以及约当产量或定额法、定额比例法等将生产产品的成本费用总额在完工产品和在产品之间进行合理分配。

产品生产成本核算的一般流程如图6-4所示。

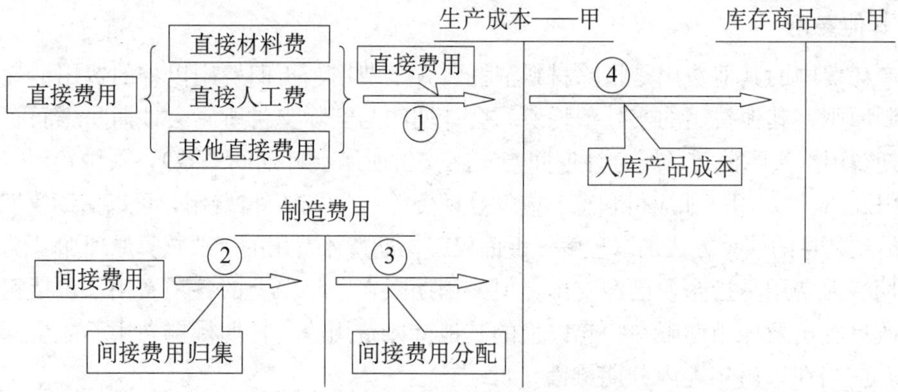

图6-4　产品生产成本核算的一般流程

产品成本的具体计算方法，在其他专门的课程中详细说明，本书不涉及。

三、产品生产业务核算举例

甲公司自20×1年12月开始生产A、B两种产品，以A产品和B产品为产品成本计算对象，并按完工程度以约当产量法进行完工产品和在产品的成本分配。相关业务如下。

例6-14　20×1年12月10日，仓库发出材料汇总如表6-5所示。

表6-5　发出材料汇总表

项目	甲材料		乙材料		丙材料		金额合计（元）
	数量（千克）	金额（元）	数量（千克）	金额（元）	数量（千克）	金额（元）	
制造产品耗用	2 000	40 000	1 000	15 000	40 000	120 000	175 000
A产品	1 000	20 000	600	9 000	25 000	75 000	104 000
B产品	1 000	20 000	400	6 000	15 000	45 000	71 000
车间一般耗用					2 000	6 000	6 000
企业管理部门耗用			500	7 500			7 500
合计	2 000	40 000	1 500	22 500	42 000	126 000	188 500

根据相关原始凭证，进行如下会计处理：

借：生产成本——A产品　104 000
　　　　　　——B产品　71 000
　　制造费用　6 000
　　管理费用　7 500
　贷：原材料——甲材料　40 000
　　　　　　——乙材料　22 500
　　　　　　——丙材料　126 000

例6-15　甲公司12月份的“五险一金”计算表如表6-6所示，职工薪酬结算汇总表如表6-7所示，工会经费计算表如表6-8所示。

表 6-6　“五险一金”计算表

金额单位：元

人员类别	人数	计税基数*	基本养老保险		基本医疗保险		失业保险		工伤保险	生育保险	住房公积金		合计	
			企业（16%）	个人（8%）	企业（10%）	个人（2%+3元/人）	企业（1%）	个人（0.2%）	企业（0.4%）	企业（0.8%）	企业（12%）	个人（12%）	企业（40.20%）	个人（22.2%+3元）
A产品生产工人	212	954 000	152 640	76 320	95 400	19 716	9 540	1 908	3 816	7 632	114 480	114 480	383 508	212 424
B产品生产工人	50	450 000	72 000	36 000	45 000	9 150	4 500	900	1 800	3 600	54 000	54 000	180 900	100 050
车间管理人员	10	86 000	13 760	6 880	8 600	1 750	860	172	344	688	10 320	10 320	34 572	19 122
研究开发部门	8	100 000	16 000	8 000	10 000	2 024	1 000	200	400	800	12 000	12 000	40 200	22 224
销售部门	8	80 000	12 800	6 400	8 000	1 624	800	160	320	640	9 600	9 600	32 160	17 784
管理部门	12	130 000	20 800	10 400	13 000	2 636	1 300	260	520	1 040	15 600	15 600	52 260	28 896
合计	300	1 800 000	288 000	144 000	180 000	36 900	18 000	3 600	7 200	14 400	216 000	216 000	723 600	400 500
			432 000		216 900		21 600				432 000			

*计税基数为上年平均工资。

表 6-7 职工薪酬结算汇总表 金额单位：元

人员类别	人数	应付薪酬	代缴社会保障	应纳税所得	个人所得税	实发工资
A产品生产工人	212	990 000	212 424	777 576	1 070	776 506
B产品生产工人	50	530 000	100 050	429 950	23 300	406 650
车间管理人员	10	100 000	19 122	80 878	4 770	76 108
研究开发部门	8	120 000	22 224	97 776	9 520	88 256
销售部门	8	90 000	17 784	72 216	4 400	67 816
管理部门	12	150 000	28 896	121 104	9 160	111 944
合计	300	1 980 000	400 500	1 579 500	52 220	1 527 280

表 6-8 工会经费计算表 单位：元

人员类别	应付薪酬	工会经费（2%）
A产品生产工人	990 000	19 800
B产品生产工人	530 000	10 600
车间管理人员	100 000	2 000
研究开发部门	120 000	2 400
销售部门	90 000	1 800
管理部门	150 000	3 000
合计	1 980 000	39 600

（1）根据表 6-6 可知，甲公司应缴纳各项社会保障金 723 600 元。其中：
基本养老保险 288 000 元（离职后福利）；
基本医疗保险 180 000 元（短期薪酬）；
失业保险 18 000 元（离职后福利）；
工伤保险 7 200 元（短期薪酬）；
生育保险 14 400 元（短期薪酬）；
住房公积金 216 000 元（短期薪酬）。
根据表 6-6 等原始凭证，做如下会计处理：

借：生产成本——A 产品 383 508
　　　　　　——B 产品 180 900
　　制造费用 34 572
　　研发支出 40 200
　　销售费用 32 160
　　管理费用 52 260
　贷：应付职工薪酬——短期薪酬 417 600
　　　　　　　　　——离职后福利 306 000

（2）根据表 6-7 等原始凭证，做如下会计处理：

借：生产成本——A 产品 990 000

——B 产品 530 000

制造费用 100 000

研发支出 120 000

销售费用 90 000

管理费用 150 000

贷：应付职工薪酬——短期薪酬 1 980 000

根据表 6-6 和表 6-7，12 月份代扣个人社会保障基金及所得税共计 452 720 元。其中：代扣个人应缴“三险一金”400 500 元（包括代扣基本养老保险 144 000 元，代扣基本医疗保险 36 900 元，代扣失业保险 3 600 元，代扣住房公积金 216 000 元），代扣个人所得税 52 220 元。

根据表 6-6 和表 6-7 中所列代扣款项，做如下会计处理：

借：应付职工薪酬——短期薪酬 452 720

贷：其他应付款——养老保险 144 000

——医疗保险 36 900

——失业保险 3 600

——住房公积金 216 000

应交税费——应交个人所得税 52 220

甲公司实际缴纳“五险一金”及个人所得税时，根据相关原始凭证，做如下会计处理：

借：其他应付款——养老保险 144 000

——医疗保险 36 900

——失业保险 3 600

——住房公积金 216 000

应付职工薪酬——短期薪酬 417 600

——离职后福利 306 000

应交税费——应交个人所得税 52 220

贷：银行存款 1 176 320

实际支付职工薪酬时，根据相关原始凭证，做如下会计处理：

借：应付职工薪酬——短期薪酬 1 527 280

贷：银行存款 1 527 280

(3) 根据表 6-8 等原始凭证，做如下会计处理：

借：生产成本——A 产品 19 800

——B 产品 10 600

制造费用 2 000

研发支出 2 400

销售费用 1 800

管理费用 3 000

贷：应付职工薪酬——短期薪酬 39 600

将工会经费支付给工会时：

借：应付职工薪酬——短期薪酬　39 600

　贷：银行存款　39 600

例 6-16　20×1 年 12 月 31 日，甲公司计提固定资产折旧 30 000 元。其中：生产产品用固定资产的折旧 20 000 元，行政管理部门用固定资产的折旧 10 000 元。

根据相关原始凭证，做如下会计处理：

借：制造费用——折旧　20 000

　　管理费用——折旧　10 000

　贷：累计折旧　30 000

例 6-17　20×1 年 12 月 20 日，甲公司以银行存款支付企业管理部门的办公费 2 000 元及准予抵扣的增值税进项税 260 元，同时支付办公用水费 1 000 元及准予抵扣的增值税进项税 90 元（增值税税率 9%）。根据相关原始凭证，做如下会计处理：

借：管理费用——办公费　3 000

　　应交税费——应交增值税（进项税额）　350

　贷：银行存款　3 350

例 6-18　20×1 年 12 月 23 日，甲公司以银行存款支付 A 产品生产用电费 1 352.2 元，支付 B 产品生产用电费 2 635.8 元，共计 3 988 元，并支付与电费相关的进项税 518.44 元，共计 4 506.44 元。根据相关原始凭证，做如下会计处理：

借：生产成本——A 产品　1 352.2

　　　　　　——B 产品　2 635.8

　　应交税费——应交增值税（进项税额）　518.44

　贷：银行存款　4 506.44

例 6-19　20×1 年 12 月 25 日，甲公司以银行存款 65 400 元预付下一年度房屋租赁费，其中租金 60 000 元，进项税 5 400 元，该房屋供产品生产工人夜班住宿使用；同时摊销本月应承担的上年支付的本年住宿费用租金 4 000 元（上年预付全年租金 48 000 元）。根据相关原始凭证，做如下会计处理：

（1）为下一年支付房租：

借：长期待摊费用——生产员工住宿房屋租金　60 000

　　应交税费——应交增值税（进项税额）　5 400

　贷：银行存款　65 400

（2）摊销上年支付的房租：

借：制造费用——生产员工住宿房屋租金　4 000

　贷：长期待摊费用——生产员工住宿房屋租金　4 000

例 6-20　甲公司 20×0 年预付了 20×1 年行政管理部门办公用房的全年租金 168 000 元。20×1 年 12 月 31 日，摊销 12 月份的租金 14 000。根据相关原始凭证，做如下会计处理：

借：管理费用——行政管理部门房屋租金　14 000

　贷：长期待摊费用——行政管理部门房屋租金　14 000

例 6-21 根据例 6-14～例 6-20，甲公司通过账簿记录获得 20×1 年 12 月份生产 A、B 产品的直接成本和制造费用信息，如表 6-9、表 6-10 所示。

表 6-9 生产成本汇总表

单位：元

项目	直接材料	直接人工				其他直接费用	合计
		职工薪酬	五险一金	工会经费	合计		
A产品	104 000.00	990 000.00	383 508.00	19 800.00	1 393 308.00	1 352.20	1 498 660.20
B产品	71 000.00	530 000.00	180 900.00	10 600.00	721 500.00	2 635.80	795 135.80
合计	175 000.00	1 520 000.00	564 408.00	30 400.00	2 114 808.00	3 988.00	2 293 796.00

表 6-10 制造费用汇总表

单位：元

项目	制造费用
材料费	6 000.00
职工薪酬	100 000.00
五险一金	34 572.00
工会经费	2 000.00
折旧费	20 000.00
宿舍租金	4 000.00
合计	166 572.00

假定制造费用分配计入产品生产成本时，宿舍租金按生产人员人数比例分配，其他费用按生产工人职工薪酬比例分配。分配结果如下：

(1) 宿舍租金按生产人员人数比例分配：

生产人员共 262 人，宿舍租金总计 4 000 元。

A 产品生产人员 212 人，占 81%；B 产品生产人员 50 人，占 19%。

A 产品生产分摊宿舍租金 3 240（4 000×81%）元，B 产品生产分摊宿舍租金 760（4 000×19%）元。

(2) 宿舍租金以外的制造费用按生产人员职工薪酬比例分配：

生产人员职工薪酬共 152 万元，除宿舍租金以外的制造费用总计 162 572 元。

A 产品生产工人职工薪酬 99 万元，占 65%；B 产品生产工人职工薪酬 53 万元，占 35%。

A 产品生产分摊 105 671.8（162 572×65%）元，B 产品生产分摊 56 900.2（162 572×35%）元。

通过上述分配，制造费用 80 012 元的分配结果为：

A 产品分配制造费用 108 911.8 元，其中：分配宿舍租金 3 240 元，分配其他制造费用 105 671.8 元。

B 产品分配制造费用 577 660.2 元，其中：分配宿舍租金 760 元，分配其他制造费用 56 900.2 元。

根据以上制造费用分配的相关原始凭证，做如下会计处理：

借：生产成本——A产品　　105 671.8
　　　　　　——B产品　　56 900.2
　贷：制造费用——宿舍租金　　4 000
　　　　　　——其他制造费用　　162 572

分配制造费用后，本月发生的产品生产成本分别为：

A产品生产成本=1 498 660.2+105 671.8=1 604 332（元）

B产品生产成本=795 135.8+56 900.2=852 036（元）

例6-22 (1) 假定B产品月初无在产品，月末也无在产品，则B产品20×1年12月31日完工产品成本为852 036元。根据相关原始凭证，做如下会计处理：

借：库存商品——B产品　　852 036
　贷：生产成本——B产品　　852 036

(2) 假定A产品月初在产品成本为565 492元。本月发生的产品成本为1 604 332元，其中：直接材料104 000元，直接人工、其他直接费用和制造费用1 500 332元（为简化起见，本处未列出直接人工、其他直接费用和制造费用的具体项目和金额）。A产品本月生产成本总计2 169 824（565 492+1 604 332）元。假设A产品生产属于单步骤简单生产，按照累计工时采用定额工时法计算产品成本。20×1年12月生产情况如下：

1）产品生产时，原材料一次性投入，其他制造费用随生产进度逐渐发生。

2）月初在产品共50件，月初在产品成本为565 492元，其中：材料费用56 000元，其他制造费用509 492元。本月投入生产A产品150件，月末完工100件，在产品100件。

3）200件产品共投入成本2 169 824元，其中：原材料160 000（56 000+104 000）元，制造费用等2 009 824（509 492+1 500 332）元。

4）按累计工时计算的在产品完工程度为60%，则在产品约当产量为60件。

根据以上信息，计算A产品完工产品成本和在产品成本如下：

产成品应分摊的材料费=160 000÷200×100=80 000（元）

产成品应分摊的直接人工、其他直接费用和制造费用=2 009 824÷(100+60)×100=1 256 140（元）

入库产成品成本=80 000+1 256 140=1 336 140（元）

月末在产品成本为833 684元，其中：材料费用80 000（160 000−80 000）元，直接人工、其他直接费用及制造费用753 684（2 009 824−1 256 140）元。

根据相关原始凭证，结转A产品的完工产品成本如下：

借：库存商品①——A产品　　1 336 140
　贷：生产成本——A产品——材料费　　80 000
　　　　　　——A产品——其他直接费用及制造费用　　1 256 140

由此可以看出，“生产成本”账户的余额为813 800元，即在产品成本。

① 也可使用“产成品”账户核算。

第三节　销　售

一、产品销售业务及其会计核算

（一）产品销售及收入确认

销售是指将企业生产的产品对外销售并收取货款或取得收取货款权利的活动，也就是实现商品或产品销售收入的活动。

销售活动在会计上的核心内容就是收入确认和计量。按照收入准则的规定，在客户取得相关商品控制权①时确认收入。企业与客户之间的合同同时满足以下五个条件时，企业应当在客户取得相关商品控制权时确认收入：

（1）合同各方已批准该合同并承诺将履行各自义务；

（2）合同明确了各方与所转让商品相关的权利和义务；

（3）该合同有明确的与所转让商品相关的支付条款；

（4）该合同具有商业实质，即履行该合同将改变企业未来现金流量的风险、时间分布或金额；

（5）因向客户转让商品而有权取得的对价很可能收回。

依据收入准则，企业只有当不再负有向客户转让商品的剩余义务，且已向客户收取的对价无须退回时，才能将已收取的对价确认为收入；否则，应当将已收取的对价（如客户获取的可在未来兑换的积分、向客户预售的消费储值卡等）作为负债（一般通过“合同负债”账户予以反映）进行会计处理。

例 6-23　甲公司是增值税一般纳税人，其零售事业部于20×1年12月向客户预售了5 000张不可退储值消费卡，每张储值消费卡的面值为200元，收款总额为100万元。根据历史经验，甲公司预计客户购买的储值消费卡将全部被消费，且在客户实际使用储值消费卡的同时取得商品控制权才产生增值税纳税义务，预计未来期间产生增值税纳税义务11万元。甲公司预售储值消费卡收到100万元款项时，应将89万元作为“合同负债”、将11万元作为“应交税费——待转销项税额”处理。

根据企业与客户签订的合同②及交易模式不同，销售业务可以分为现售、应收账款销售、预收款销售等。一般情况下，企业销售收入以履约义务的交易价格计量。交易价格是指企业因向客户转让商品而预期有权收取的对价金额。企业代第三方收取的款项（如电商平台代商家收取的款项等），以及企业预期将退还给客户的款项（如很可能退回的货款

---

① 取得相关商品控制权，是指能够主导该商品的使用并从中获得几乎全部的经济利益。

② 会计准则所称的合同，是指双方或多方之间订立有法律约束力的权利义务的协议，合同可以是书面形式、口头形式或其他形式（如商业惯例等）。

等），应当作为负债（合同负债等）进行会计处理，不计入交易价格。会计上，无论是一般纳税人还是小规模纳税人，商品销售收入均为不含增值税的收入，价款中的增值税一般应以“应交税费——应交增值税（销项税额）”反映。

（二）产品销售核算需要设置的主要账户

企业一般应设置“主营业务收入”“主营业务成本”“其他业务收入”“其他业务成本”“应收账款”“合同负债”“应交税费”“销售费用①”等账户对销售业务进行核算。

“主营业务收入”账户，用以核算企业按照会计准则的相关要求确认的主营业务活动收入，如制造业企业的产品销售收入。“主营业务成本”账户，用以核算企业与主营业务收入相匹配的业务成本，如制造业企业的产品销售成本。“其他业务收入”账户，用以核算企业按照会计准则的要求确认的除主营业务活动以外，其他经营活动实现的收入，如出租固定资产、出租无形资产，以及销售材料等取得的收入。“其他业务成本”账户，用以核算与企业其他业务收入相匹配的业务成本，如出租固定资产的折旧费用、出租无形资产的摊销，以及出售的材料成本等。“应收账款”账户，用以核算企业因销售商品已确认收入并获取收款权利的应收未收款项，其内容一般包括销售产品的价款、增值税及代垫款项（如代垫运杂费等）。

按照《企业会计准则》的要求，合同一方已经履约的，即企业依据合同履行履约义务或客户依据合同支付合同对价，企业应当根据其履行履约义务与客户付款之间的关系，在资产负债表中列示为合同资产或合同负债。但企业拥有的、无条件（即仅取决于时间流逝）向客户收取对价的权利应当作为应收账款单独列示。也就是说，企业除设置“应收账款”及“预收账款”账户外，还应当设置“合同资产”“合同负债”等账户。其中，“合同资产”账户用以核算企业已经向客户转让商品而有权收取对价的权利，且该权利取决于时间流逝之外的因素。“合同负债”账户用以核算企业已收或应收客户对价而应向客户转让商品的义务，如企业依据不可撤销合同预收客户的合同价款等。

需要特别说明的是，合同资产与应收账款不同，合同负债与预收账款也不同，在实务中需要加以区分，具体如下：

（1）合同资产和应收账款都是企业拥有的有权收取对价的合同权利，但应收账款代表的是无条件收取合同对价的权利，企业仅随着时间的流逝即可收款，企业承担的是信用风险；而合同资产并不是一项无条件的收款权，该权利除了随时间流逝，还应满足其他条件（如合同中的其他相关履约义务的履行）才能收取相应的合同价款，企业除承担信用风险外，还可能承担客户的履约风险。

（2）合同负债的确认以履约义务为前提，如果所预收的款项与合同规定的履约义务无关，则不能作为合同负债，而应作为预收账款。即，不构成履约义务的预收款（如出租资产的预收租金、未订立合同的预收款项等）不应作为合同负债，有权利收取但尚未收取的预收款（如应收但未收到的预收款项）应同时确认合同负债。

---

① 销售费用的核算内容详见本章第二节关于费用、营业成本与期间费用的说明。

二、产品销售业务核算举例

例 6-24 20×1 年 12 月 16 日，甲公司按照合同约定向红星公司销售 A 产品 10 件，单位售价 17 000 元，计 170 000 元，按增值税税率 13%计算确定的增值税为 22 100 元，价税总计 192 100 元。当即收到 150 000 元货款存入银行，其余货款尚未收到。该销售业务符合收入确认条件。甲公司于 12 月 31 日计算确定该批商品的销售成本为 123 200 元。

(1) 甲公司根据相关原始凭证，进行会计处理如下：

销售商品并收到部分货款时：

借：银行存款　　150 000

　　应收账款——红星公司　　42 100

　贷：主营业务收入——A 产品　　170 000

　　　应交税费——应交增值税（销项税额）　　22 100

(2) 月末计算出该批商品的销售成本时[①]：

借：主营业务成本——A 产品　　123 200

　贷：库存商品——A 产品　　123 200

例 6-25 20×1 年 12 月 17 日，甲公司与南星公司签订不可撤销合同，约定年末前向南星公司销售 B 产品 5 件，单位售价 10 万元，计 50 万元，应计增值税 6.5 万元，价税总计 56.5 万元；并于合同签订时由南星公司预付该批商品的货款 20 万元。合同签订日，甲公司收到南星公司预付货款 20 万元存入银行，并于 20×1 年 12 月 26 日按合同约定向南星公司销售 B 产品 5 件，收到该批产品的余款 30 万及该批商品的增值税 6.5 万元，计 36.5 万元。该销售满足收入确认条件，该批产品的成本为 420 250 元。

(1) 20×1 年 12 月 17 日预收合同款时，根据相关原始凭证，做如下会计处理：

借：银行存款　　200 000

　贷：合同负债——南星公司　　200 000

(2) 20×1 年 12 月 26 日销售商 B 产品时，根据相关原始凭证，做如下会计处理：

借：银行存款　　365 000

　　合同负债——南星公司　　200 000

　贷：主营业务收入——B 产品　　500 000

　　　应交税费——应交增值税（销项税额）　　65 000

同时：

借：主营业务成本——B 产品　　420 250

　贷：库存商品——B 产品　　420 250

例 6-26 20×1 年 12 月 10 日，甲公司与客户签订合同，销售 A、B 两种商品。A 商

---

① 一般地，如果能在销售时确定销售商品的成本，就要当即结转（如个别计价法）；如果销售商品的成本不能当即计算确定，就要采用先进先出法、加权平均法等在月末计算结转。

品不含增值税的单独售价为 6 000 元，B 商品不含增值税的单独售价为 24 000 元，不含增值税的合同价款共计 25 000 元。合同约定，A 商品于合同签订时交付，B 商品在一个月后交付。只有当两种商品全部交付之后，甲公司才有权收取 25 000 元的对价及相关的增值税。假定 A 商品和 B 商品分别构成单项履约义务，相关商品的控制权在交付该商品时转移给客户。甲公司适用的增值税税率为 13%。

将 25 000 元合同价款按单项履约义务的单独售价比例分摊。其中：

A 产品分摊的合同价款为 5 000 ［25 000×6 000÷(6 000+24 000)］ 元；

B 产品分摊的合同价款为 20 000 ［25 000×24 000÷(6 000+24 000)］ 元。

20×1 年 12 月 10 日，交付 A 产品时，根据相关原始凭证，做如下会计处理：

借：合同资产——××客户　　5 650
　贷：主营业务收入——A 产品　　5 000
　　应交税费——应交增值税（销项税额）　　650

20×2 年 1 月 10 日，交付 B 产品时，根据相关原始凭证，做如下会计处理：

借：应收账款——××客户　　28 250
　贷：合同资产——××客户　　5 650
　　主营业务收入——B 产品　　20 000
　　应交税费——应交增值税（销项税额）　　2 600

例 6－27　20×1 年 12 月，甲公司的零售事业部向客户预售了 1 000 张不可退储值消费卡，每张储值消费卡的面值为 226 元，收款总额为 22.6 万元。甲公司根据历史经验，预计客户购买的储值消费卡将全部被消费使用，客户实际使用储值消费卡时取得商品控制权，并同时产生增值税纳税义务。甲公司所有商品均适用 13%的增值税税率，消费卡中的储值金额全部使用所产生的增值税纳税义务为 2.6 万元。假定储值消费卡于 20×2 年全部消费使用，销售商品的成本共计 14 万元。

(1) 20×1 年 12 月预售储值消费卡时，根据相关原始凭证，做如下会计处理：

借：银行存款　　226 000
　贷：合同负债——预售储值卡　　200 000
　　应交税费——待转销项税额　　26 000

(2) 20×2 年实际销售商品时，根据相关原始凭证，做如下会计处理：

借：合同负债——预售储值卡　　200 000
　贷：主营业务收入　　200 000
借：应交税费——待转销项税额　　26 000
　贷：应交税费——应交增值税（销项税额）　　26 000

例 6－28　20×1 年 12 月 28 日，甲公司以银行存款支付销售产品的销售费用（包括运输费、广告费等）5 400 元（含准予抵扣的增值税进项税额 400 元[①]）。根据相关原始凭证，做如下会计处理：

① 一般纳税人支付的运输费适用的增值税税率一般为 9%，一般纳税人支付的广告费适用的增值税税率一般为 6%。

借：销售费用　5 000
　　应交税费——应交增值税（进项税额）　400
　贷：银行存款　5 400

三、应收账款及其坏账和其他资产减值

（一）应收账款坏账估计方法及坏账认定标准

1. 应收账款坏账估计方法

按照《企业会计准则第 22 号——金融工具确认和计量》的相关要求，企业应当以预期信用损失[①]为基础，对应收账款、债权投资、其他债权投资等金融资产，以及租赁应收款、合同资产等进行减值会计处理并确认损失准备。

一般情况下，企业的应收账款或多或少会存在不能收回的可能性。不能收回的应收账款一般称为坏账。坏账导致的损失称为坏账损失。为如实反映企业应收账款的价值并遵循稳健原则反映企业的财务状况和经营成果，在坏账实际发生前应合理预计应收账款可能发生的坏账。这种合理预计也可称为提取坏账准备，通过提取坏账准备的方式应对未来发生坏账的风险，一般通过预期信用损失模型对应收账款整个存读期的可能损失予以合理估计。估计坏账的常见方法主要有两种：一是应收账款余额百分比法，二是账龄分析法。

（1）应收账款余额百分比法。

应收账款余额百分比法是按应收账款余额的一定比例估计坏账的方法。一般地，企业应根据以往经验、债务单位实际财务状况和现金流量情况等合理估计。

（2）账龄分析法。

账龄分析法是根据应收账款账龄估计坏账的方法。一般地，应收账款的账龄越长，发生坏账的可能性越大。在账龄分析法下，企业应按应收账款的账龄进行分组，并分别估计不同账龄的应收账款的坏账比例及金额。

企业对于单项金额重要的应收账款，应单项估计坏账，且估计坏账的方法一经确定，不得随意变更。

2. 坏账认定标准

实际发生坏账是指有确凿证据表明应收账款已经不能或无法收回而产生损失。企业一般将有关法律法规的规定作为坏账认定标准。财政部和国家税务总局关于企业资产损失税前扣除政策的相关规定明确，企业除贷款类债权以外的应收、预付账款，减除可收回金额后确认的无法收回的部分，可以作为坏账损失在计算应纳税所得额时扣除，主要包括：

（1）债务人依法宣告破产、关闭、解散、被撤销，或者被依法注销、吊销营业执照，

---

① 预期信用损失，是指以发生违约的风险为权重的金融工具信用损失的加权平均值。其中，信用损失是指企业按照原实际利率折现的、根据合同应收的所有合同现金流量与预期收取的所有现金流量之间的差额，即全部现金短缺的现值。

其清算财产不足清偿的部分。

（2）债务人死亡，或者依法被宣告失踪、死亡，其财产或者遗产不足清偿的部分。

（3）债务人逾期3年以上未清偿，且有确凿证据证明已无力清偿债务的部分。

（4）与债务人达成债务重组协议或法院批准破产重整计划后，无法追偿的部分。

（5）因自然灾害、战争等不可抗力导致无法收回的部分。

（6）国务院财政、税务主管部门规定的其他条件下无法收回的部分。

（二）应收账款坏账估计的核算

1.“坏账准备”账户与“应收账款”账户的关系

在会计核算上，应收账款坏账实际上是企业未来可能的损失，一般以“信用减值损失”账户核算，并在利润表中以“信用减值损失”项目反映。但估计坏账并不意味着债务人责任减少，只表明应收账款的价值可能因发生坏账而使其价值减少，且应以扣除可能发生坏账后的净额在资产负债表上列示应收账款的价值。因此需要设置“坏账准备”账户核算企业估计的坏账，通过“坏账准备”账户的贷方余额反映企业对应收账款计提的坏账准备。

可以看出，“坏账准备”账户实际上是“应收账款”账户的抵减账户，即应收账款净额通过“应收账款”账户余额减去“坏账准备”账户余额而获得。可以将“坏账准备”账户的余额理解为应收账款存续期内可能发生的坏账，该坏账作为企业应收账款存续期内可能发生的损失并以“信用减值损失”项目予以反映和列报。从会计核算视角看，“坏账准备”账户与“应收账款”账户是一对共同反映应收账款价值的账户，这种关系类似“累计折旧”账户与“固定资产”账户的关系。

2. 应收账款坏账核算方法

企业提取应收账款坏账时，借记“信用减值损失”账户，贷记“坏账准备”账户；实际发生坏账时，借记“坏账准备”账户，贷记“应收账款”账户；如果发生以前确认的坏账由于特殊原因又全部或部分收回的，可将实际收到的部分视为以前期间多认定了坏账予以冲回，借记“应收账款”账户，贷记“坏账准备”账户，并借记“银行存款”等账户，贷记“应收账款”账户。

每一会计期末，按照应估计的坏账准备金额对“坏账准备”账户余额进行调整，转回多计提的坏账准备，补提未提足的坏账准备，借记“信用减值损失”账户，贷记“坏账准备”账户（补提时），或借记“坏账准备”账户，贷记“信用减值损失”账户（转回时）。也就是说，会计期末，“坏账准备”账户贷方余额应等于期末应收账款可能发生的坏账损失。

3. 应收账款坏账核算举例

以应收账款余额百分比法为例，简要说明应收账款坏账的核算方法。

例6-29 甲公司20×1年首次于年末存在应收账款，应收账款总额为200 000元。甲公司按照会计准则的相关规定，以预期损失模型估计的坏账提取比例为4%，估计的坏账金额为8 000（200 000×4%）元。20×2年，实际发生坏账10 000元；20×2年末，应收账款总额共计 800 000 元，估计的坏账金额为 32 000（800 000×4%）元。20×3 年，实际发生坏账 500 元，收回原已确认为坏账的应收账款 1 000 元并存入银行，年末应收账款总额 400 000 元，估计的坏账金额为 16 000（400 000×4%）元。根据相关原始凭证，做如下会计处理：

(1) 20×1 年年末提取坏账 8 000 元：

借：信用减值损失　　8 000

　贷：坏账准备　　8 000

(2) 20×2 年发生坏账 10 000 元：

借：坏账准备　　10 000

　贷：应收账款——××客户　　10 000

20×2 年年末估计坏账 32 000 元：

借：信用减值损失　　34 000①

　贷：坏账准备　　34 000

(3) 20×3 年发生坏账 500 元：

借：坏账准备　　500

　贷：应收账款——××客户　　500

20×3 年收回以前确认的坏账 1 000 元：

借：应收账款——××客户　　1 000

　贷：坏账准备　　1 000

借：银行存款　　1 000

　贷：应收账款——××客户　　1 000

20×3 年年末估计坏账 16 000 元：

借：坏账准备　　16 500②

　贷：信用减值损失　　16 500

通过举例可以看出，每年度提取坏账会增加信用减值损失金额，减少利润，但如果以前年度提取金额很大，可能会导致未来年度将多提的坏账准备转回（见例 6-29 中 20×3 年年末坏账准备转回），转回的金额体现在“信用减值损失”为负值，即直接增加利润。因此，滥用会计估计进行坏账准备的计提和转回属于操纵利润的违法行为。即使未滥用会计估计，对于单项减值测试的应收款项减值准备转回对利润的影响，监管部门一直将其作为非经常性损益（extraordinary item）项目对待，认为扣除非经常性损益后的利润才是企业正常的利润（实务中简称“扣非利润”）。

非经常性损益是指企业发生的与生产经营无直接联系，以及虽与生产经营相关，但由于其性质、金额或发生频率影响了真实、公允地评价企业当期经营成果和获利能力的各项收入、支出。

非经常性损益包括的内容及其披露方式如表 6-11 所示。

---

① 34 000=32 000−(8 000−10 000)。

② −16 500=16 000−(32 000−500+1 000)。

表 6-11　非经常性损益项目

非经常性损益项目	N年	附注	N－1年	N－2年
1. 非流动资产处置损益				
2. 越权审批，或无正式批准文件，或偶发性的税收返还、减免				
3. 计入当期损益的政府补助，但与公司正常经营业务密切相关，符合国家政策规定、按照一定标准定额或定量持续享受的政府补助除外				
4. 计入当期损益的对非金融企业收取的资金占用费				
5. 企业取得子公司、联营企业及合营企业的投资成本小于取得投资时应享有被投资单位可辨认净资产公允价值产生的收益				
6. 非货币性资产交换损益				
7. 委托他人投资或管理资产的损益				
8. 因不可抗力因素，如遭受自然灾害而计提的各项资产减值准备				
9. 债务重组损益				
10. 企业重组费用，如安置职工的支出、整合费用等				
11. 交易价格显失公允的交易产生的超过公允价值部分的损益				
12. 同一控制下企业合并产生的子公司期初至合并日的当期净损益				
13. 与公司正常经营业务无关的或有事项产生的损益				
14. 除与公司正常经营业务相关的有效套期保值业务外，持有交易性金融资产、衍生金融资产、交易性金融负债、衍生金融负债产生的公允价值变动损益，以及处置交易性金融资产、衍生金融资产、交易性金融负债、衍生金融负债和其他债权投资取得的投资收益				
15. 单独进行减值测试的应收款项减值准备转回				
16. 对外委托贷款取得的损益				
17. 采用公允价值模式进行后续计量的投资性房地产公允价值变动产生的损益				
18. 根据税收、会计等法律、法规的要求对当期损益进行一次性调整对当期损益的影响				
19. 受托经营取得的托管费收入				
20. 除上述各项之外的其他营业外收入和支出				
21. 其他符合非经常性损益定义的损益项目				
22. 少数股东权益影响额				
23. 所得税影响额				
合计				

（三）其他资产减值

理论上讲，任何一项资产都存在减值的可能。存在减值迹象就应计提相应资产的减值。按照我国会计准则的相关规定，有些资产的减值可以转回，但有些资产的减值不得转回。核算资产减值的会计科目及相关情况大致如表 6－12 所示。

表 6－12 资产减值及其核算的会计科目

项目	资产名称	核算减值的会计科目	
		减值准备科目	损失科目
减值可转回	存货	存货跌价准备	资产减值损失
	合同资产	合同资产减值准备	资产减值损失
	合同取得成本	合同取得成本减值准备	资产减值损失
	合同履约成本	合同履约成本减值准备	资产减值损失
	消耗性生物资产	消耗性生物资产跌价准备	资产减值损失
	应收账款	坏账准备	信用减值损失
	其他应收款	坏账准备	信用减值损失
	债权投资	债权投资减值准备	信用减值损失
	委托贷款	委托贷款减值准备	信用减值损失
	其他债权投资	其他债权投资减值准备	信用减值损失
减值不可转回	固定资产	固定资产减值准备	资产减值损失
	在建工程	在建工程减值准备	资产减值损失
	无形资产	无形资产减值准备	资产减值损失
	投资性房地产（按成本模式进行后续计量）	投资性房地产减值准备	资产减值损失
	生产性生物资产	生物性资产减值准备	资产减值损失
	使用权资产	使用权资产减值准备	资产减值损失
	商誉	商誉减值准备	资产减值损失
	长期股权投资	长期股权投资减值准备	资产减值损失

第七章 投资业务

第一节　投资业务概述

企业的投资可以分为对内投资和对外投资。对内投资一般指企业购置固定资产、无形资产等业务，对外投资一般指购买股权、债券及以增值或出租为目的的不动产等业务。其中，对外投资既包括股权投资、债权投资，也包括金融衍生品投资、投资性房地产投资等。

本书仅就股权投资及债权投资中属于会计准则规范的金融资产投资及长期股权投资的一般性业务进行简要说明。涉及的报表项目主要包括“交易性金融资产”、“债权投资”、“其他债权投资”、“其他权益工具投资”和“长期股权投资”。

一、金融资产的概念及分类

（一）金融资产的概念

《企业会计准则第 22 号——金融工具确认和计量》明确规定，金融资产是指企业持有的现金、其他方的权益工具[①]以及符合下列条件之一的资产：（1）从其他方收取现金或其他金融资产的合同权利，如应收账款、于债券到期日收回本息的债券等；（2）在潜在有利条件下，与其他方交换金融资产或金融负债的合同权利，如购买的可转换债券等；（3）将来须用或可用企业自身权益工具进行结算的非衍生工具合同，且企业根据该合同将收到可变数量的自身权益工具，如预先支付给另一方固定金额用于按未来某日期的市价回购本公司股份（可理解为其他应收款）等；（4）将来须用或可用企业自身权益工具进行结算的衍生工具合同（但不包括以固定数量的自身权益工具交换固定金额的现金或其他金融资产的衍生工具合同），且企业自身权益工具不包括应当按照《企业会计准则第 37 号——金融工具列报》的规定分类为权益工具的可回售工具或发行方仅在清算时才有义务向另一方按比例交付其净资产的金融工具，也不包括本身就要求在未来收取或交付企业自身权益工具的

① 权益工具是指能证明拥有某个企业在扣除所有负债后的资产中的剩余权益的合同。比如，企业发行的普通股，以及企业发行的使持有者有权以固定价格购入固定数量本企业普通股的认股权证等。

合同，如企业购买的按未来某日期市价回购固定金额本公司股票的权利等。

（二）金融资产的分类

按照会计准则的规定，属于《企业会计准则第 22 号——金融工具确认和计量》所规范的金融资产范围的，企业应根据其管理金融资产的业务模式和金融资产的合同现金流量特征，将金融资产划分为以下三类：以摊余成本计量的金融资产；以公允价值计量且其变动计入其他综合收益的金融资产；以公允价值计量且其变动计入当期损益的金融资产。

1. 以摊余成本计量的金融资产

按照会计准则的要求，若企业管理某项金融资产的业务模式是以收取合同现金流量为目标，且该金融资产的合同条款规定，在特定日期产生的现金流量仅为对本金和以未偿付本金金额为基础的利息的支付（cash flows that are solely payments of principal and interest on the principal amount outstanding，SPPI），则该金融资产应当分类为以摊余成本计量的金融资产（financial assets measured at amortized cost，AC）。就会计报表项目而言，以摊余成本计量的金融资产主要包括货币资金、应收票据、应收账款、债权投资等。本章仅就其中的债权投资会计处理进行说明。

2. 以公允价值计量且其变动计入其他综合收益的金融资产

按照会计准则的要求，若企业管理该金融资产的业务模式既以收取合同现金流量为目标又以出售该金融资产为目标，且该金融资产的合同条款规定，在特定日期产生的现金流量仅为对本金和以未偿付本金金额为基础的利息的支付，则该金融资产应当分类为以公允价值计量且其变动计入其他综合收益的金融资产（financial assets measured at fair value through profit and loss，FVTPL）。在会计报表项目中，以公允价值计量且其变动计入其他综合收益的金融资产主要包括应收款项融资[①]和其他债权投资。本章仅就其中的其他债券投资一般核算方法进行说明。

3. 以公允价值计量且其变动计入当期损益的金融资产

根据会计准则的有关要求，若某项金融资产既不属于以摊余成本计量的金融资产也不属于以公允价值计量且其变动计入其他综合收益的金融资产，则该项金融资产应当分类为以公允价值计量且其变动计入当期损益的金融资产（financial assets measured at fair value through other comprehensive Income，FVTOCI）。在会计报表项目中，以公允价值计量且其变动计入当期损益的金融资产主要表现为交易性金融资产。

金融资产的上述分类是基于企业管理金融资产的业务模式及金融资产现金流量的特点。尽管企业管理金融资产的业务模式极少发生改变，但如果企业开始或终止某项对其经营有重大影响的活动（如收购、处置、终止某业务经营等），其管理金融资产的业务模式也会发生变化。企业改变其管理金融资产的业务模式时，应当按照会计准则的要求对受影

---

① 应收款项融资是指以公允价值计量且其变动计入其他综合收益的应收票据和应收账款等。一般地，只有作为融资工具的且银行或相关金融机构具有追索权的应收票据和应收账款才属于应收款项融资，如质押、背书、贴现等。

响的金融资产进行重分类。为便于大家学习和理解金融资产的一般核算原则与方法，本书不涉及金融资产重分类问题。

二、长期股权投资的概念及分类

（一）长期股权投资的概念

长期股权投资（long-term equity investments），是指投资方对被投资单位实施控制、重大影响的权益性投资，以及对其合营企业的权益性投资。

控制（control），是指投资方拥有对被投资单位的权力（power），通过参与被投资单位的相关活动[①]而享有可变回报（variable returns），并且有能力运用对被投资单位的权力影响其回报金额（affect the amount of the investors returns）。控制其他公司的投资方（control of an investee）称为母公司（parent），被母公司控制的被投资单位（under the control of a parent）称为子公司（subsidiaries），母公司需要将全部子公司纳入合并财务报表（consolidated financial statements）的合并范围。

重大影响（significant affect），是指投资方对被投资单位的财务和经营政策有参与决策的权力，但并不能够控制或者与其他方一起共同控制这些政策的制定。投资方能够对被投资单位施加重大影响的，被投资单位为其联营企业（associated enterprises）。

合营企业（joint control），是指合营方仅对某项安排的净资产享有权利的合营安排。《企业会计准则第 40 号——合营安排》规定，合营安排是指一项由两个或两个以上的参与方共同控制的安排，分为共同经营（合营方享有该安排相关资产且承担该安排相关负债的合营安排）和合营企业（joint venture）。

一般地，当仅考虑股权比例，不考虑其他因素（如股权委托、一致行动人设计安排及其他安排等）时，投资方与被投资单位对应的股权比例大致如下：

（1）控制：投资方占被投资单位 50%以上的有表决权股份（绝对控股），或虽然占被投资单位有表决权股份的比例不足 50%但属于第一大股东（相对控股）。

（2）重大影响：投资方占被投资单位有表决权股份的比例一般在 20%及以上，且投资方为非控股股东。

（3）合营企业：两个股东各占 50%，或者公司两个最大的股东所占的有表决权股份的比例相同。

（二）长期股权投资的分类

从会计角度来看，长期股权投资初始确认以后，在持有期间的核算方法（或称后续计量方法）分为成本法和权益法。投资方能够对被投资单位实施控制的长期股权投资应当采用成本法核算。投资方对联营企业和合营企业的长期股权投资采用权益法核算。

---

① 相关活动，是指对被投资单位的回报产生重大影响的活动。被投资单位的相关活动应当根据具体情况进行判断，通常包括商品或劳务的销售和购买、金融资产的管理、资产的购买和处置、研究与开发活动以及融资活动等。

1. 长期股权投资的成本法

在长期股权投资采用成本法核算的情况下，长期股权投资应当按照初始投资成本计价，追加或收回投资应当调整长期股权投资的成本。被投资单位宣告分派的现金股利或利润，应当确认为当期投资收益。一般来说，长期股权投资采用成本法核算的情况下，需要将投资方财务报表与被投资单位财务报表进行合并，并编制合并财务报表。本书不涉及合并财务报表编制问题。

2. 长期股权投资的权益法

在长期股权投资采用权益法核算的情况下，长期股权投资初始投资成本大于投资时应享有被投资单位可辨认净资产公允价值份额的，不调整长期股权投资的初始投资成本；长期股权投资的初始投资成本小于投资时应享有被投资单位可辨认净资产公允价值份额的，其差额应当计入当期损益，同时调整长期股权投资的成本。

在长期股权投资权益法下，投资方取得长期股权投资后，应当按照应享有或应分担的被投资单位实现的净损益①和其他综合收益的份额，分别确认投资收益和其他综合收益，同时调整长期股权投资的账面价值；投资方按照被投资单位宣告分派的利润或现金股利计算应享有的部分，相应减少长期股权投资的账面价值；投资方对于被投资单位除净损益、其他综合收益和利润分配以外所有者权益的其他变动，应当调整长期股权投资的账面价值并计入所有者权益；投资方确认被投资单位发生的净亏损，应当以长期股权投资的账面价值以及其他实质上构成对被投资单位净投资的长期权益减记至零为限，投资方负有承担额外损失义务的除外。

另外，按照取得长期股权投资的方式不同，长期股权投资可以分为支付现金方式取得、发行权益性证券方式取得、以债务重组方式取得，以及以非货币资产交换方式取得等。

本书重点说明以支付现金方式取得长期股权投资的会计处理方法。

第二节　交易性金融资产及其他权益工具投资

一、交易性金融资产

（一）交易性金融资产的概念及核算方法

交易性金融资产（transactional financial assets）主要是指除衍生金融工具以外，以公

① 投资方在确认应享有被投资单位净损益的份额时，应当以取得投资时被投资单位可辨认净资产的公允价值为基础，对被投资单位的净利润进行调整后确认。投资方计算确认应享有或应分担被投资单位的净损益时，与联营企业、合营企业之间发生的未实现内部交易损益按照应享有的比例计算归属于投资方的部分，应当予以抵消，在此基础上确认投资收益。

允价值计量且其变动计入当期损益的金融资产。其核算方法如下所述。

1. 初始确认金额

按照会计准则的相关要求，企业初始确认金融资产，应当按照公允价值计量。对于以公允价值计量且其变动计入当期损益的金融资产，相关交易费用[①]应当直接计入当期损益（一般通过“投资收益”账户核算），不构成交易性金融资产的初始成本；但对于其他类别的金融资产，相关交易费用应当计入初始确认金额。

2. 持有期间收到的现金股利或利息

交易性金融资产持有期间收到的股利或利息收入作为投资收益处理，并通过“投资收益”账户核算。其中，交易性金融资产的利息收入是指作为交易性金融资产核算的债权类金融资产的利息收入。

3. 期末账面价值调整

资产负债表日，应按当日交易性金融资产的公允价值对其账面价值进行调整。其公允价值高于账面价值的，按二者差额借记“交易性金融资产——公允价值变动”账户，贷记“公允价值变动损益”账户；其公允价值低于账面价值的，按二者差额借记“公允价值变动损益”账户，贷记“交易性金融资产——公允价值变动”账户。公允价值变动损益实际上是交易性金融资产由于公允价值变动可能实现的损益，也可理解为待实现损益或浮盈浮亏。

4. 出售

出售交易性金融资产时，按实际收到的金额借记“其他货币资金”等账户，按出售该资产的成本贷记“交易性金融资产——成本”账户，按出售部分已入账公允价值变动借记或贷记“交易性金融资产——公允价值变动”账户，按借贷方差额借记或贷记“投资收益”账户，同时将出售部分实际实现的待实现损益转为已实现损益，从“公允价值变动”账户转入“投资收益”账户。

另外，按照我国金融商品转让业务增值税处理的相关规定，转让金融商品，应于金融商品所有权转移时按规定的税率（金融商品转让适用的增值税税率为6%，小规模纳税人适用的征收率为3%）确认增值税纳税义务[②]。属于增值税纳税范围的金融商品主要指外汇、有价证券、非货物期货基金、信托、理财产品等各类资产管理产品和各种金融衍生品，其中有价证券主要指股票、债券。金融商品转让是指转让外汇、有价证券、非货物期货和其他金融商品所有权的业务活动，其他金融商品转让包括基金、信托、理财产品等各

① 交易费用，是指可直接归属于购买、发行或处置金融工具的增量费用。增量费用是指企业没有发生购买、发行或处置相关金融工具的情形就不会发生的费用，包括支付给代理机构、咨询公司、券商、证券交易所、政府有关部门等的手续费、佣金、相关税费以及其他必要支出，但不包括债券溢价、折价、融资费用、内部管理成本和持有成本等与交易不直接相关的费用。

② 按规定，金融商品转让按照卖出价扣除买入价后的余额作为销售额。转让金融商品出现的正负差，按照盈亏相抵后的余额作为销售额。若相抵后出现负差，可结转下一纳税期与下期转让金融商品销售额相抵，但年末若仍出现负差，不得转入下一会计年度。金融商品的买入价，可以选择按照加权平均法或者移动加权平均法进行核算，选择后36个月内不得变更。金融商品转让，不得开具增值税专用发票。

类资产管理产品和各种金融衍生品的转让①。

（二）交易性金融资产核算举例

下面以甲公司购买股票为例，说明交易性金融资产的核算方法。

例7-1 20×1年2月10日，甲公司从二级市场购入S公司股票3 000股，每股购买价格10元，另支付交易手续费及过户费等共计250元（含准予抵扣的增值税进项税额10元），款项以存入证券公司的投资款支付。根据相关原始凭证，做如下会计处理：

借：交易性金融资产——S公司股票——成本　　30 000
　　投资收益——交易性金融资产投资收益　　240
　　应交税费——应交增值税（进项税额）　　10
　贷：其他货币资金——存出投资款　　30 250

例7-2 S公司于20×1年3月1日宣告发放股利，每股1元。甲公司持有S公司股票3 000股，于20×1年3月1日确认应收股利3 000元，该股利于20×1年3月15日实际收到。根据相关原始凭证，做如下会计处理：

(1) 20×1年3月1日：

借：应收股利——S公司股票　　3 000
　贷：投资收益——交易性金融资产投资收益　　3 000

(2) 20×1年3月15日：

借：其他货币资金——存出投资款　　3 000
　贷：应收股利——S公司股票　　3 000

例7-3 20×1年12月31日，S公司股票的当日收盘价为每股8元，甲公司购买的S公司3 000股股票当日公允价值为24 000元，应调低该股票账面价值6 000元。根据相关原始凭证，做如下会计处理：

借：公允价值变动损益——交易性金融资产变动损益　　6 000
　贷：交易性金融资产——S公司股票——公允价值变动　　6 000

例7-4 20×2年3月，甲公司将其持有S公司的3 000股股票出售了1 000股，收到出售价款7 000元。根据相关原始凭证，做如下会计处理：

借：其他货币资金——存出投资款　　7 000
　　交易性金融资产——S公司股票——公允价值变动　　2 000
　　投资收益——交易性金融资产投资收益　　1 000
　贷：交易性金融资产——S公司股票——成本　　10 000

同时：

借：投资收益——交易性金融资产投资收益　　2 000
　贷：公允价值变动损益　　2 000

假定甲公司转让金融商品适用的增值税税率为6%，未发生可以抵减本月转让金融商品应交增值税的事项，则转让该金融商品应交增值税为170［3 000÷(1+6%)×6%］元，

① 企业购入基金、信托、理财产品等各类资产管理产品持有至到期的，不属于金融商品转让行为。

根据相关原始凭证，做如下会计处理：

借：投资收益　170

　贷：应交税费——转让金融商品应交增值税　170

二、其他权益工具投资

（一）其他权益工具投资的概念及核算方法

其他权益工具投资是指企业将非交易性权益工具指定为公允价值计量且其变动计入其他综合收益的金融资产。

按照企业管理金融资产的业务模式和金融资产的合同现金流量特征，将金融资产划分为以摊余成本计量的金融资产、以公允价值计量且其变动计入其他综合收益的金融资产和以公允价值计量且其变动计入当期损益的金融资产三类。这是会计准则对金融资产的基本分类，主要基于金融资产后续计量的方法。对于某些特殊业务或事项，会计上为防止会计错配[①]（accounting mismatch）或出于因公允价值波动对损益影响等考虑，会计准则允许进行特殊指定（option to designate）。这种指定或称指定选择权在金融资产方面主要表现为以下两种情况：

（1）初始确认时，如果能够消除或显著减少会计错配，企业可以将金融资产指定为以公允价值计量且其变动计入当期损益的金融资产。该指定一经做出，不得撤销。

（2）初始确认时，企业可以将非交易性[②]权益工具投资指定为以公允价值计量且其变动计入其他综合收益的金融资产，并按会计准则规定的股利收入确认条件确认投资收益。该指定一经做出，不得撤销。

其他权益工具投资指的是两种特殊指定中的第二种情况。如果按照金融资产基本分类，其他权益工具投资应属于交易性金融资产。如果企业不指定，那么这类金融资产应划分为交易性金融资产，按交易性金融资产的核算原则和方法进行会计处理。如果企业将其指定为其他权益工具投资，那就应该按其他权益工具投资的规定进行相应的会计处理。

企业之所以可以将非交易性权益工具作为其他权益工具投资，主要原因是其目的不是为了交易。如果将其作为交易性金融资产，则不符合交易性特征，也会因公允价值变动对企业损益产生不利影响。因此，只有在符合非交易性条件下，企业才可以将权益工具投资进行该指定。也正是因为上述原因，会计准则明确规定，在初始确认时，企业可基于单项非交易性权益工具投资，将其指定为以公允价值计量且其变动计入其他综合收益的金融资产，其公允价值的后续变动计入其他综合收益（other comprehensive income，OCI），不需要计提减值准备，除投资后获得的股利收入计入投资收益外，其他相关利得和损失均应

---

① 会计错配，是指当企业以不同的会计确认方法和计量属性对在经济上相关的资产或负债进行确认或计量，由此产生利得或损失时，可能导致的会计确认和计量上的不一致。

② 金融资产满足下列条件之一时，表明企业持有该金融资产的目的是交易性的：（1）取得相关金融资产的目的主要是近期出售；（2）相关金融资产在初始确认时属于集中管理的可辨认金融工具组合的一部分，且有客观证据表明近期实际存在短期获利模式；（3）相关金融资产属于衍生工具（但不包括符合财务担保合同定义的衍生工具以及被指定为有效套期工具的衍生工具），如交易性金融资产。

计入其他综合收益，且后续不得转入损益。当该金融资产终止确认时（如转让或出售），之前计入其他综合收益的累计利得和损失应当从其他综合收益转出，计入留存收益。换句话说，出售其他权益工具投资，不得将其累计的其他综合收益转为投资收益，只能转为留存收益（如盈余公积、未分配利润）。需要注意的是，同为以公允价值计量且其变动计入其他综合收益的金融资产，其他债权投资和其他权益工具投资出售利得和损失的处理并不相同，出售其他债权投资产生的利得和损失及其累计的其他综合收益，应作为损益处理，记入“投资收益”账户，但其他权益工具投资出售利得和损失及其累计的其他综合收益，不应作为损益处理，只能计入留存收益（盈余公积、未分配利润）。

另外，企业在非同一控制下的企业合并[①]中确认的或由对价构成金融资产的，该金融资产应当分类为以公允价值计量且其变动计入当期损益的金融资产，不得指定为以公允价值计量且其变动计入其他综合收益的金融资产。

（二）其他权益工具投资核算举例

参照例7-1～例7-4相关数据，如果不是交易性金融资产而是其他权益工具投资，做如下相关会计处理。

例7-5 20×1年2月10日，甲公司购入S公司股票3 000股，每股购买价格10元，另支付交易手续费及过户费等共计250元（含准予抵扣的增值税进项税额10元），款项以银行存款支付。根据公司管理该股票的业务模式及该股票未来现金流量特征，甲公司按规定将其分类为其他权益工具投资。根据相关原始凭证，做如下会计处理：

	借方	贷方
借：其他权益工具投资——S公司股票——成本	30 240[②]	
应交税费——应交增值税（进项税额）	10	
贷：银行存款		30 250

例7-6 S公司于20×1年3月1日宣告发放股利，每股1元。甲公司持有S公司股票3 000股，于20×1年3月1日确认应收股利3 000元，该股利于20×1年3月15日实际收到。根据相关原始凭证，做如下会计处理：

（1）20×1年3月1日：

	借方	贷方
借：应收股利——S公司股票	3 000	
贷：投资收益		3 000

（2）20×1年3月15日：

	借方	贷方
借：银行存款	3 000	
贷：应收股利——S公司股票		3 000

例7-7 20×1年12月31日，S公司股票的当日公允价值为每股8元，甲公司购买的S公司3 000股股票当日公允价值为24 000元，应调低该股票账面价值6 240（30 240－24 000）元。根据相关原始凭证，做如下会计处理：

	借方	贷方
借：其他综合收益——其他权益工具公允价值变动损益	6 240	

① 企业合并的类型，详见本章第四节。

② 交易费用构成其他权益工具投资的初始成本并记入“其他权益工具投资”账户。

贷：其他权益工具投资——S公司股票——公允价值变动　　6 240

例7-8　20×2年3月，甲公司将其持有S公司的3 000股股票出售了1 000股，收到出售价款7 000元存入银行。根据相关原始凭证，做如下会计处理：

借：银行存款　　7 000

　其他权益工具投资——S公司股票——公允价值变动　　2 080

　利润分配——未分配利润①　　1 000

　贷：其他权益工具投资——S公司股票——成本　　10 080

同时：

借：利润分配——未分配利润　　2 080

　贷：其他综合收益　　2 080

假定甲公司转让金融商品适用的增值税税率为6%，以前期间未发生可以抵减本月转让金融商品应交增值税的事项，则转让该金融商品销售额为负差（转让金融商品发生损失3 080元），可以结转到20×2年4月，与20×2年4月转让金融商品销售额相抵，但如果20×2年12月31日仍出现负差，则不得转入20×3年度。

三、交易性金融资产及其他权益工具投资核算方法比较

在会计核算上，交易性金融资产和其他权益工具投资核算的差异主要表现在以下三个方面：

（1）初始入账成本不同。交易性金融资产的初始入账成本不包括交易费用；其他权益工具投资的初始入账成本包括交易费用。

（2）公允价值变动对利润的影响不同。交易性金融资产的公允价值变动作为损益处理，影响企业利润；其他权益工具投资的公允价值变动作为其他综合收益处理，不影响企业利润。

（3）出售损益反映的项目不同。交易性金融资产的出售损益及相关的公允价值变动损益作为投资收益反映；其他权益工具投资的出售损益及相关的其他综合收益作为留存收益反映。

下面通过举例比较两者的核算方法。

例7-9　假定甲公司发生了以下相关业务：

（1）20×1年3月4日，购入A公司股票10 000股，每股5元，共计50 000元，另付经纪人佣金1 000元（没有可以抵扣的进项税额），购买股票款及经纪人佣金均以存出

① 一般地，企业某年度的盈余公积和未分配利润取决于以前年度的盈余公积、未分配利润和当年税后净利润的分配情况。但其他综合收益转为留存收益，实际上是通过利润分配方式实现的，一般应先将其他综合收益税后净额转入“利润分配——未分配利润”账户，然后根据当年实现净利润情况提取盈余公积、进行利润分配。如果可以断定企业当年不会出现税后净亏损，为简化起见，也可以依照法定盈余公积和任意盈余公积提取规定，将其他综合收益直接转为盈余公积和未分配利润，借记“盈余公积”“利润分配——未分配利润”账户，贷记“其他综合收益”账户。如果转让该金融商品需要缴纳增值税，在结转留存收益前，应先借记“其他综合收益”账户，贷记“应交税费——转让金融商品应交增值税”账户，然后将扣除增值税后的其他综合收益净额转为留存收益。本例未考虑转让金融商品应交增值税问题。

投资款支付。

(2) 20×1 年 3 月 15 日，A 公司宣告每股发放现金股利 0.7 元，共计 7 000 元，股利发放日为 20×1 年 3 月 25 日。

(3) 20×1 年 3 月 31 日，A 公司股票每股收盘价 6 元，按规定调整金融资产账面价值。

(4) 20×1 年 4 月 8 日，出售 A 公司股票 2 500 股，收到 16 250 元存入投资款账户。

甲公司将购买的该股票分别作为交易性金融资产和其他权益工具投资时的会计处理比较如表 7－1 所示。

表 7－1　交易性金融资产和其他权益工具投资会计处理比较

日期	交易性金融资产	其他权益工具投资
3 月 4 日	借：交易性金融资产——成本　50 000 　投资收益　1 000 　贷：其他货币资金　51 000	借：其他权益工具投资——成本　51 000 　贷：其他货币资金　51 000
3 月 15 日	借：应收股利　7 000 　贷：投资收益　7 000	借：应收股利　7 000 　贷：投资收益　7 000
3 月 25 日	借：其他货币资金　7 000 　贷：应收股利　7 000	借：其他货币资金　7 000 　贷：应收股利　7 000
3 月 31 日	借：交易性金融资产——公允价值变动　10 000 　贷：公允价值变动损益　10 000 (10 000＝60 000－50 000)	借：其他权益工具投资——公允价值变动　9 000 　贷：其他综合收益　9 000 (9 000＝60 000－51 000)
4 月 8 日	借：其他货币资金　16 250 　贷：交易性金融资产——成本　12 500 　　——公允价值变动　2 500 　　投资收益　1 250 同时： 借：公允价值变动损益　2 500 　贷：投资收益　2 500 (12 500＝50 000÷10 000×2 500) (2 500＝10 000÷10 000×2 500)	借：其他货币资金　16 250 　贷：其他权益工具投资——成本　12 750 　　——公允价值变动　2 250 　　利润分配——未分配利润　1 250 同时： 借：其他综合收益　2 250① 　贷：盈余公积　225② 　　利润分配——未分配利润　2 025 (12 750＝51 000÷10 000×2 500) (2 250＝9 000÷10 000×2 500)

假定甲公司除上述业务外未发生其他与转让金融商品有关的业务。按规定，金融商品转让按照卖出价扣除买入价后的余额为销售额（本例中假定为 3 816③ 元），依 6% 的税率计算

① 2 250 元为不考虑转让金融商品增值税情况下由其他综合收益转为留存收益的金额，如果产生转让金融商品增值税纳税义务，该金额应为扣除转让金融商品增值税后的余额。

② 假定甲公司按 10% 提取盈余公积。

③ 按照规定，金融商品的买入价是购入金融商品支付的价格，不包括买入金融商品支付的交易费用和税费。金融商品的卖出价是卖出原价，不得扣除卖出过程中支付的交易费用和税费。本例中，假定出售金融商品发生的手续费、印花税等为 66 元，即转让价格为 16 316 元，扣除手续费及印花税后的金额为 16 250 元。

缴纳转让金融商品的增值税为216［3 816÷(1+6%)×6%］元。

对于交易性金融资产，20×1年4月8日，除表7-1中的会计处理外，还应根据增值税计税凭证等相关原始凭证，做如下会计处理：

借：投资收益——交易性金融资产投资收益　216
　贷：应交税费——转让金融商品增值税　216

对于其他权益工具投资，20×1年4月8日，应根据相关原始凭证，做如下会计处理：

借：其他货币资金　16 250
　贷：其他权益工具投资——成本　12 750
　　　　　　　　　　——公允价值变动　2 250
　　其他综合收益——其他权益工具投资　1 250
借：应交税费——转让金融商品应交增值税　216
　贷：其他综合收益——其他权益工具投资　216

同时：

借：其他综合收益——其他权益工具投资　3 284［(1 250+2 250)-216］
　贷：盈余公积　328.4
　　利润分配——未分配利润　2 955.6

第三节　债权投资与其他债权投资

一、债权投资及其会计处理

（一）债权投资基本业务分析

在介绍债权投资之前，先举一个例子说明债权投资核算的基本原理。

假定甲公司20×2年1月1日以102万元的公允价值购入丙公司当日发行的面值为100万元的4年期、到期一次还本付息债券，票面利率为5%（按单利计算），同时支付交易费用1万元（不含准予抵扣的增值税进项税额）。该债券的基本特征是：到期日固定(20×6年1月1日)；到期金额固定（本息合计120万元）；公司管理该债券的业务模式是以收取合同现金流为目标；现金流量的特征是包括本金和利息。因此，按照企业管理层确定的债券业务模式及该债券合同现金流量特征，将购买的该债券分类为以摊余成本计量的金融资产，即债权投资；同时假定该债券在持有期间发生减值。

根据上述业务内容可知，甲公司20×2年1月1日购买的丙公司当日发行的债券，初始成本或称初始投资金额为103（102+1）万元，若一直持有至到期且不发生减值，则可于20×6年1月1日收到现金120（100+100×5%×4）万元，也就是20×2年至20×6年可获得投资收益17（120-103）万元。会计上将17万元的收益分配到20×2年至20×5年可以有多种方法。常见的方法有两种：一是将17万元平均计入4年内，每年4.25万元；

二是按投资收益率理念将 17 万元分配到 4 年中。

如果将 17 万元的总收益平均分配到 4 年中，则每年确认收益 4.25 万元，每年应计利息 5 万元大于 4.25 万元的差额 0.75 万元，即初始确认金额与到期日金额随应计利息而以本金方式收回的金额，通过该金额将每年应计利息 5 万元调整为收益金额，即利息调整。采用这种方法，3 万元的利息调整总额及 17 万元的收益总额平均计算到各年份，因此该方法又称直线法。在本例中，采用直线法，每年确认应计利息 5 万元，每年确认投资收益 4.25 万元，每年确认利息调整 0.75 万元。于是可以得到：第一年投资收益率为 4.13%（4.25÷103×100%），第一年末的投资金额（摊销利息调整以后的成本，简称摊余成本）为 107.25（103+4.25）万元，第二年收益率为 3.96%（4.25÷107.25×100%）。依此类推，第一年至第四年各年的投资收益率分别为 4.13%、3.96%、3.81%和 3.67%。这显然是固定收益率投资的应有结果。

固定收益率理念下，各年投资收益率固定，也就是投资金额大，投资收益就大，投资金额小，投资收益就小，但投资收益率是固定的。这种收益率实际上就是下面要介绍的实际利率。

在上例中，假定债权投资的固定收益率为 R，则有“$103(1+R)(1+R)(1+R)(1+R)=120$(万元)”的关系，即 $103\times(1+R)^4=120$（万元）。可以得到 $R=\sqrt[4]{\frac{120\ 000}{103\ 000}}-1=3.9\%$。3.9%就是实际利率。

假如企业收取合同现金流量的方式不是到期一次性收回本息，而是每年末分期收息、到期一次收回面值金额，且债权投资不发生减值，则将未来每期现金流量折现为初始成本的折现率即实际利率。在上例中，假定每年末收取当年利息 5（100×5%）万元，20×6 年 1 月 1 日收取面值 100 万元，则存在如下关系：

$$100\div(1+R)^4+5\div(1+R)^4+5\div(1+R)^3+5\div(1+R)^2+5\div(1+R)=103(\text{万元})$$

在这种情况下，可通过一定方法计算得到 R（为简化，此处省略）。本书主要说明债权投资核算的基本原理，仅就到期一次性收回本息的情况进行说明。

根据会计准则及相关会计制度的规定和要求，一般企业应采用实际利率法确定各期的投资收益和利息调整金额，小企业等不执行《企业会计准则》的企业可以使用直线法确定各期投资收益和利息调整金额。

上述举例是理解债权投资会计核算方法的基础，下面介绍债权投资在实际利率法下的一般核算方法。

（二）债权投资及其会计核算方法

债权投资是企业以摊余成本计量的债券性质的投资。

1. 初始确认金额的确定

按照会计准则的要求，企业初始确认金融资产，应当按照公允价值计量。除以公允价值计量且其变动计入当期损益的金融资产，发生的相关交易费用应当直接计入当期损益外，其他金融资产的相关交易费用应当计入初始确认金额。因此，一般情况下，债权投资的初始确认金额应由买价（公允价值）及相关的交易费用构成。

2. 摊余成本的确定

以摊余成本计量的金融资产，其摊余成本以该金融资产初始确认金额经相关调整后确定。用公式可表述为：

摊余成本＝初始确认金额－已偿还本金±采用实际利率法将该初始确认金额与到期日金额之间的差额进行摊销而形成的累计摊销额－累计计提的损失准备①

会计准则规定，实际利率法是计算摊余成本以及将相关利息分摊计入各会计期间的方法。就金融资产而言，实际利率就是将金融资产在预计存续期的估计未来现金流量折现为该金融资产账面余额或摊余成本所使用的利率。

3. 投资收益的确定

在不考虑债权投资减值的情况下，一次性收回本息的债权投资各期投资收益以当期期初摊余成本和实际利率确定，或依应计利息和利息调整计算确定。应计利息、投资收益、利息调整摊销及摊余成本的关系如下：

本期应计利息＝债券面值×名义利率（票面利率）

本期投资收益＝期初摊余成本×实际利率

本期利息调整摊销＝本期应计利息－本期投资收益

期末摊余成本＝期初摊余成本±本期投资收益

＝期初摊余成本＋本期应计利息±本期利息调整摊销

＝期初面值±期初利息调整余额＋本期应计利息±本期利息调整摊销

为详细反映以上内容，需要在“债权投资”账户下设置“面值”“利息调整”“应计利息”等明细账户进行明细核算。

4. 到期收回本息

一次性收回本息且未发生减值的债权投资，在债券持有期间分期确认应计利息、投资收益和利息调整摊销，至债券到期日，应计利息已经全部确认且利息调整也已全部摊销完毕，债券摊余成本（到期值）即面值和应计利息总额。收回本息时，直接冲销债券面值和已记录的应计利息，即收回本息时终止确认债权投资。

（三）债权投资核算举例

举例说明实际利率法的基本原理及应用。

例 7－10 20×4 年 1 月 1 日，甲公司购入 A 公司于当日发行的面值为 100 000 元、四年期、到期一次还本付息债券，实际支付价款 102 000 元，支付佣金及相关税费 1 050 元（其中准予抵扣的增值税进项税额为 50 元）。该债券票面利率为 5%（按单利计算）。甲公司于每年年末采用实际利率法确认投资收益。20×8 年 1 月 1 日收回债券本息 120 000 元。假定不考虑金融产品转让增值税问题。

① 为简化，本书不涉及债权投资减值问题。

甲公司按照管理该债券的业务模式及债券现金流量特征，将购买的该债券分类为以摊余成本计量的金融资产，并按“债权投资”对其进行核算。

根据上述资料，可以计算出实际利率$=\sqrt[4]{\dfrac{120\ 000}{103\ 000}}-1=3.9\%$。

按3.9%的实际利率计算各年该债券的应计利息、投资收益、利息调整摊销和摊余成本如表7-2所示。

表7-2　债券投资应计利息、投资收益、利息调整摊销及摊余成本计算表　　单位：元

日期	应计利息	投资收益	利息调整摊销	摊余成本
20×4.1.1				103 000
20×4.12.31	5 000	4 017	983	107 017
20×5.12.31	5 000	4 174	826	111 191
20×6.12.31	5 000	4 336	664	115 527
20×7.12.31	5 000	4 473*	527*	120 000
合计	20 000	17 000	3 000	120 000

* 最后一期投资收益及利息调整摊销采用倒挤方法计算，即：

投资收益=17 000−(4 017+4 174+4 336)=4 473(元)

利息调整摊销=5 000−4 473=527(元)

根据相关原始凭证，做如下会计处理：

(1) 20×4年1月1日：

借：债权投资——成本（面值）　100 000

　　　　　　——利息调整　3 000

　　应交税费——应交增值税（进项税额）　50

　贷：银行存款　103 050

(2) 20×4年12月31日：

借：债权投资——应计利息　5 000

　贷：债权投资——利息调整　983

　　　投资收益——债权投资收益　4 017

(3) 20×5年12月31日：

借：债权投资——应计利息　5 000

　贷：债权投资——利息调整　826

　　　投资收益——债权投资收益　4 174

(4) 20×6年12月31日：

借：债权投资——应计利息　5 000

　贷：债权投资——利息调整　664

　　　投资收益——债权投资收益　4 336

(5) 20×7年12月31日：

借：债权投资——应计利息　5 000

　贷：债权投资——利息调整　527

投资收益　　4 473

(6) 20×8年1月1日：

借：银行存款　　120 000

　贷：债权投资——成本（面值）　　100 000

　　　　　　——应计利息　　20 000

二、其他债权投资及其会计处理

其他债权投资是指符合以公允价值计量且其变动计入其他综合收益的债权投资。一般为既以收取合同现金流量为目标又以出售为目标的债权投资，如企业管理该债权投资的模式既可能是持有至到期收取合同现金流量，也可能在到期之前出售的债权投资。对于其他债权投资，在会计上除通过“其他债权投资”账户并比照债权投资的核算方法进行处理外，还有两个特殊的处理内容：一是需要在“其他债权投资”账户下设置“公允价值变动”明细账户，并将债权的公允价值变动计入其他综合收益；二是出售其他债权投资时，需要将与出售部分相关的其他综合收益转为投资收益。其中，公允价值变动反映的是至资产负债表日止，其他债权投资的公允价值与资产负债日该债券摊余成本的差额。

举例说明如下。

例7-11　20×2年1月1日，甲公司购入B公司于当年1月1日发行的债券，依公司管理该债券的业务模式和该债券现金流量特征，将其作为其他债权投资管理。该债券面值为100 000元，票面利率为5%（单利），债券期限为4年，到期一次性还本付息。购买该债券的价格（债券公允价值）为102 000元，支付购买该债券的佣金及相关税费1 050元（其中准予抵扣的增值税进项税额为50元）。20×5年1月25日，甲公司以116 000元的价格（债券公允价值）将该债券全部出售，并收到116 000元存入银行。假定不考虑金融商品转让增值税问题。

根据上述资料，可确定该债券的实际利率为3.9%，并计算得出该债券各年的应计利息、投资收益、利息调整摊销和摊余成本，相关数据如表7-3所示。

表7-3　其他债券投资应计利息、投资收益、利息调整摊销及摊余成本计算表　单位：元

日期	应计利息	投资收益	利息调整摊销	摊余成本
20×2.1.1				103 000
20×2.12.31	5 000	4 017	983	107 017
20×3.12.31	5 000	4 174	826	111 191
20×4.12.31	5 000	4 336	664	115 527
20×5.12.31	5 000	4 473*	527*	120 000
合计	20 000	17 000	3 000	120 000

* 最后一期投资收益及利息调整摊销采用倒挤方法计算，即：

投资收益＝17 000－(4 017＋4 174＋4 336)＝4 473（元）

利息调整摊销＝5 000－4 473＝527（元）

该债券各年摊余成本及公允价值情况如表7-4所示。

表 7-4　其他债权投资公允价值变动确认表　　单位：元

日期	摊余成本	公允价值	公允价值大于摊余成本的差额	本期确认公允价值变动
20×2.1.1	103 000	102 000	—	
20×2.12.31	107 017	108 017	+1 000	+1 000
20×3.12.31	111 191	113 091	+1 900	+900
20×4.12.31	115 527	115 627	+100	−1 800
20×5.1.25	115 527	116 000	+473	

根据相关原始凭证，做如下会计处理：

(1) 20×2 年 1 月 1 日：

借：其他债权投资——成本（面值）　100 000
　　　　　　　　——利息调整　3 000
　　应交税费——应交增值税（进项税额）　50
　贷：银行存款　103 050

(2) 20×2 年 12 月 31 日：

借：其他债权投资——应计利息　5 000
　贷：其他债权投资——利息调整　983
　　　投资收益——其他债权投资收益　4 017

借：其他债权投资——公允价值变动　1 000
　贷：其他综合收益——其他债权投资公允价值变动　1 000

(3) 20×3 年 12 月 31 日：

借：其他债权投资——应计利息　5 000
　贷：其他债权投资——利息调整　826
　　　投资收益——其他债权投资收益　4 174

借：其他债权投资——公允价值变动　900
　贷：其他综合收益——其他债权投资公允价值变动　900

(4) 20×4 年 12 月 31 日：

借：其他债权投资——应计利息　5 000
　贷：其他债权投资——利息调整　664
　　　投资收益——其他债权投资收益　4 336

借：其他综合收益——其他债权投资公允价值变动　1 800
　贷：其他债权投资——公允价值变动　1 800

(5) 20×5 年 1 月 25 日：

借：银行存款　116 000
　贷：其他债权投资——成本（面值）　100 000
　　　　　　　　　——应计利息　15 000
　　　　　　　　　——利息调整　527

——公允价值变动 100

投资收益——其他债权投资收益 373

借：其他综合收益——其他债权投资公允价值变动 100

贷：投资收益——其他债权投资收益 100

第四节　长期股权投资

一、企业合并形成的长期股权投资

（一）企业合并及其分类

企业合并（business combination）是指将两个或者两个以上单独的企业合并形成一个报告主体的交易或事项。

企业合并可以从不同角度进行分类。下面仅从是否属于同一控制、是否保留被合并方法人地位，以及被合并方是否应缴纳所得税角度予以简要说明。

1. 按是否属于同一控制分类

我国《企业会计准则》规定，企业合并应区分同一控制下的企业合并和非同一控制下的企业合并。对同一控制下的企业合并和非同一控制下的企业合并分别采用不同的计量方法进行长期股权投资的初始确认和计量。

（1）同一控制下的企业合并。

同一控制（common control）下的企业合并是指参与合并的企业在合并前后均受同一方或相同多方的最终控制且该控制并非暂时性的（一般在一年及以上）合并。可将其理解为集团内成员企业之间的合并，如集团内母子公司之间、子公司与子公司之间的合并等。从本质上看，该类合并是集团成员企业之间的资产、负债或权益的内部转移，无论是否支付款项，也无论支付的款项与转移资产、负债或权益的价值孰大孰小，都不构成实质性的买卖行为。

（2）非同一控制下的企业合并。

非同一控制（non-common control）下的企业合并是指参与合并的各方在合并前后不受同一方或相同多方最终控制的合并。可将其理解为无关联方关系企业间的合并。不属于同一控制下的企业合并，都归类为非同一控制下的企业合并。非同一控制下的企业合并实质上是基于资产、负债或权益公允价值的买卖行为。

实务中，一般将同一控制下的企业合并称为合并，将非同一控制下的企业合并称为购买。

2. 按被合并方合并后是否保留法人地位分类

按被合并方在合并后是否保留法人地位划分，可将企业合并分为吸收合并、控股合并和新设合并。

（1）吸收合并。

吸收合并又称兼并（merger），是指两家或两家以上的企业合并成一家企业，其中一家企业将另一家或多家企业吸收进自己的企业，并以自己的名义继续经营，而被吸收的企业在合并后丧失法人地位，解散消失。

（2）控股合并。

控股合并（acquisition of majority interest）是指一家企业购进或取得了另一家企业有投票表决权的股份或出资证明书，且已达到控制后者经营和财务方针的有表决权股份的企业合并。

（3）新设合并。

新设合并（merger by new establishes）是指参与合并的各方在合并后法人资格均被注销，重新注册成立一家新的企业的合并。

3. 按被合并方是否应缴纳所得税分类

按被合并方是否因转让资产、负债、股权而缴纳所得税划分，企业合并可分为应税合并和免税合并。

（1）应税合并。

应税合并（taxable combination）是指被并方的资产、负债在并入合并方时，依照税法的有关规定，比照资产、负债的转让，依法计算缴纳所得税的合并。应税合并适用一般性税务处理规定。

根据相关规定，企业股权收购、资产收购重组交易的相关处理要求是：被收购方应确认股权、资产转让所得或损失；收购方取得股权或资产的计税基础[①]应以公允价值为基础确定；被收购方的相关所得税事项原则上保持不变。对企业合并[②]相关处理的要求是：合并企业应按公允价值确定接受被合并企业各项资产和负债的计税基础；被合并企业及其股东都应按清算进行所得税处理；被合并企业的亏损不得在合并企业结转弥补。

（2）免税合并。

免税合并（tax exempt combination）是指在具备一定条件时，经当事人申请并经税务机关审核确认，被合并企业不确认全部资产的转让所得或损失，不计算缴纳所得税的合并。免税合并适用特殊性税务处理规定。

根据相关规定，对于股权收购业务，收购方购买的股权不低于被收购方全部股权的50%且收购企业在该股权收购发生时的股权支付金额不低于其交易支付总额的85%，转让企业取得受让企业股权的计税基础可以被转让资产的原有计税基础确定，受让企业取得转让企业资产的计税基础可以被转让资产的原有计税基础确定。

对于企业合并业务，企业股东在该企业合并发生时取得的股权支付金额不低于其交易支付总额的85%，以及同一控制下且不需要支付对价的企业合并，合并企业接受被合并企业资产和负债的计税基础可以被合并企业的原有计税基础确定，被合并企业合并前的相关

---

① 计税基础包括资产计税基础和负债计税基础。资产计税基础是指企业收回资产账面价值过程中，计算应纳税所得额时按照税法规定可以自应税经济利益中抵扣的金额，即该项资产在未来使用或最终处置时，允许作为成本或费用于税前列支的金额。负债计税基础是指负债的账面价值减去未来期间计算应纳税所得额时按照税法规定可予抵扣的金额，即未来偿付债务时，规定不能在税前扣除的金额。

② 本处所指的合并是从税务视角定义的合并，指一家或多家企业（称为被合并企业）将其全部资产和负债转让给另一家现存或新设企业（称为合并企业），被合并企业股东换取合并企业的股权或非股权支付，实现两个或两个以上企业的依法合并。

所得税事项由合并企业承继，可由合并企业弥补的被合并企业亏损的限额＝被合并企业净资产公允价值×截至合并业务发生当年年末国家发行的最长期限的国债利率，被合并企业股东取得合并企业股权的计税基础以其原持有的被合并企业股权的计税基础确定。

（二）企业合并形成的长期股权投资

前已述及，长期股权投资成本法适用于企业控股合并，即投资方持有的对子公司的投资采用成本法核算，且应编制合并财务报表。

风险投资机构、共同投资基金及类似主体（如投资连接保险产品）持有的按《企业会计准则第22号——金融工具确认和计量》规定的以公允价值计量且其变动计入当期损益的金融资产不应作为长期股权投资核算，而应作为金融资产核算。

在合并财务报表方面，如果母公司是投资性主体[①]，则只应将那些为投资性主体的投资活动提供相关服务的子公司纳入合并范围，其他子公司不应予以合并，而应按公允价值计量且其变动计入当期损益的金融资产进行核算和报告。

一般地，投资方直接、间接或直接和间接持有被投资方半数以上表决权，或通过与其他表决权持有人签订协议能够控制半数以上表决权，或采用如结构化主体[②]的方式决定被投资方的人事、财务、经营决策等，即认为投资方对被投资方能够实施控制。

本书仅说明一般企业的并购业务及长期股权投资的核算，不涉及投资性主体和结构化主体问题。

（三）企业合并与长期股权投资的会计核算

为说明各种不同合并方式下会计核算的特点和便于理解其核算原理，本部分使用同一数据进行核算比较。假定20×1年B公司资产、负债及净资产简要数据如表7-5所示。

表7-5 B公司资产、负债及净资产简表

20×1年1月1日　　　　单位：万元

项目		账面价值	公允价值
资产	库存现金	1 000	1 500
	银行存款		
	库存商品		
	固定资产		
	无形资产		
	……		

① 母公司同时满足三个条件时，该母公司为投资性主体：(1) 以向投资方提供管理服务为目的，从一个或多个投资者获得资金；(2) 唯一经营目的：通过资本增值、投资收益或两者兼有而让投资者获得回报；(3) 公司按公允价值对几乎所有投资的业绩进行计量和评价。投资性主体通常具备四个特征：(1) 拥有一个以上投资；(2) 拥有一个以上投资者；(3) 投资者不是该主体的关联方；(4) 该主体的所有者权益以股权或类似权益存在。一般地，投资基金属于投资性主体。

② 结构化主体（structured entity）又称为可变利益主体（variable interest entities，VIE），是指在确定其控制方时，并没有将表决权或者类似权利作为决定性因素而设计的主体，而主导该主体相关活动的依据通常是合同或者相应安排。

续表

<table>
<tr><th colspan="2">项目</th><th>账面价值</th><th>公允价值</th></tr>
<tr><td rowspan="5">负债</td><td>短期借款</td><td rowspan="5">400</td><td rowspan="5">500</td></tr>
<tr><td>应付职工薪酬</td></tr>
<tr><td>应交税费</td></tr>
<tr><td>其他应付款</td></tr>
<tr><td>……</td></tr>
<tr><td rowspan="5">净资产</td><td>股本</td><td rowspan="5">600</td><td rowspan="5">1 000</td></tr>
<tr><td>资本公积</td></tr>
<tr><td>盈余公积</td></tr>
<tr><td>未分配利润</td></tr>
<tr><td>……</td></tr>
</table>

前已述及，同一控制的企业合并实际上是资产、负债（吸收合并情况下）或权益（控股合并情况下）在集团内成员企业之间的转移而不是买卖。非同一控制下的企业合并实际上是资产、负债（吸收合并情况下）或权益（控股合并情况下）以公允价值为基础的交易行为。因此，同一控制下的企业合并和非同一控制下的企业合并，在会计上应采用不同的方法进行处理。但无论是同一控制下的企业合并还是非同一控制下的企业合并，也无论是吸收合并还是控股合并，因合并发生的审计、法律服务、评估咨询等中介费用以及其他费用，除与发行权益性工具（如发行股票等）作为合并对价直接相关的交易费用应冲减资本公积（资本溢价或股本溢价），以及与发行债务工具（如应付债券等）作为合并对价直接相关的交易费用计入债务工具的初始确认金额外，都应作为当期费用处理，并于实际发生时计入管理费用，不计入相关资产的初始成本。具体来说就是，吸收合并中的交易费用在实际发生时计入管理费用，不计入受让的相关资产、负债的账面价值，控股合并中的交易费用在实际发生时计入管理费用，不计入长期股权投资的初始入账金额。

1. 同一控制下企业合并相关资产和负债的初始确认和计量

（1）同一控制下吸收合并取得的资产和负债的初始确认和计量。

在会计处理上，同一控股下的吸收合并，合并方在合并日取得的资产和负债的入账价值，以被合并方资产、负债在最终控制方合并财务报表中的账面价值[①]为基础计量，取得的资产和负债的账面价值与合并方是否支付对价以及支付对价的大小基本无关，不因支付对价与受让资产、负债价值之间存在差异而产生损益。即同一控制下吸收合并取得的资产、负债的初始入账价值与合并方支付现金、转让非现金资产或承担债务的账面价值或者

① 一般地，被合并方资产、负债在最终控制方合并财务报表中的账面价值与被合并方在合并日的资产、负债的账面价值是一致的，但如果被合并方以前是由最终控制方通过非同一控制下企业合并所控制，则相关资产应包括相关的商誉。可参考《企业会计准则解释第7号》（财会〔2015〕19号），母公司直接控股的全资子公司改为分公司的会计处理规定。

发行股份面值总额的差额，应当调整资本公积（资本溢价或股本溢价①），资本公积（资本溢价或股本溢价）不足冲减的部分，应按顺序冲减“盈余公积”和“利润分配——未分配利润”。

例7-12 以表7-5中的数据为例，假定20×1年1月1日A公司“资本公积——资本（股本）溢价”账户有足够大的金额，并于当日以银行存款1 100万元以同一控制下企业合并的方式吸收合并B公司。A公司于合并日根据相关原始凭证，应做如下会计处理：

会计分录	借方	贷方
借：库存现金、银行存款、库存商品、固定资产、无形资产……	10 000 000	
资本公积——资本（股本）溢价	5 000 000	
贷：短期借款、应付职工薪酬、应交税费、其他应付款……		4 000 000
银行存款		11 000 000

例7-13 以表7-5中的数据为例，假定A公司20×1年1月1日以银行存款580万元以同一控制下企业合并的方式吸收合并B公司。A公司于合并日根据相关原始凭证，应做如下会计处理：

会计分录	借方	贷方
借：库存现金、银行存款、库存商品、固定资产、无形资产……	10 000 000	
贷：短期借款、应付职工薪酬、应交税费、其他应付款……		4 000 000
银行存款		5 800 000
资本公积——资本（股本）溢价		200 000

① 与股本相关的溢价通过“股本溢价”科目反映，与实收资本相关的溢价通过“资本溢价”科目反映。

（2）同一控制下控股合并取得长期股权投资的初始确认和计量。

与同一控制下吸收合并的会计核算原则基本一致，在合并方与被合并方采用的会计政策一致的情况下，同一控制下的控股合并中，合并方取得被合并方控制权而形成的股权投资初始成本（初始入账价值），应以合并日被合并方在最终控制方合并财务报表中净资产账面价值的份额确定。也就是：

$$\frac{\text{同一控制下控股合并形成的}}{\text{长期股权投资的初始成本}}=\frac{\text{合并日被合并企业}}{\text{净资产账面价值}}\times\frac{\text{合并方持有}}{\text{被合并方的持股比例}}$$

其中，以支付现金、转让非现金资产或承担债务方式为合并对价的出资额与享有的被合并方账面净资产份额的差额，作为“资本公积——资本（股本）溢价”处理，以发行权益证券（如发行普通股等）作为合并对价的，将取得股权的初始入账价值与发行股份面值的差额作为“资本公积——资本（股本）溢价”处理。“资本公积——资本（股本）溢价”不足冲减的部分，应按顺序冲减“盈余公积”和“利润分配——未分配利润”。

例7-14 以表7-5中的数据为例，假定20×1年1月1日A公司“资本公积——资本（股本）溢价”有足够大的金额，并于当日以银行存款1 100万元获得B公司90%有表决权股份，并形成同一控制下的控股合并。A公司根据相关原始凭证，做如下会计处理：

	借方	贷方
借：长期股权投资	5 400 000	
资本公积——资本（股本）溢价	5 600 000	
贷：银行存款		11 000 000

例7-15 以表7-5中的数据为例，假定20×1年1月1日A公司以银行存款500万元获得B公司90%有表决权股份，并形成同一控制下的控股合并。A公司根据相关原始凭证，做如下会计处理：

	借方	贷方
借：长期股权投资	5 400 000	
贷：银行存款		5 000 000
资本公积——资本（股本）溢价		400 000

例7-16 以表7-5中的数据为例，假定20×1年1月1日A公司向同一集团内的B公司定向增发普通股500万股（每股面值1元，每股市价3元），取得B公司90%有表决权股份，并形成同一控制下的控股合并。A公司根据相关原始凭证，做如下会计处理：

	借方	贷方
借：长期股权投资	5 400 000	
贷：股本		5 000 000
资本公积——股本溢价		400 000

2. 非同一控制下企业合并相关资产和负债的初始确认和计量

（1）非同一控制下吸收合并取得的资产和负债的初始确认和计量。

在会计处理上，非同一控制下的吸收合并，购买方在购买日取得的资产和负债的入账价值，以购买日被合并方可辨认资产[①]、负债公允价值（可辨认净资产公允价值）为基础计量，支付的对价高于取得的可辨认资产、负债公允价值（可辨认净资产公允价值）的差

① 可辨认资产是指能够独立存在并通过对其独立出售、使用、转移或其他方式产生现金流量的资产，如固定资产、无形资产、存货等。但商誉不具有可辨认性，因此商誉属于不可辨认资产。

额作为商誉而不作为损失处理，支付的对价低于取得的可辨认资产和负债公允价值的差额作为营业外收入处理。

例7-17 以表7-5中的数据为例，假定20×1年1月1日A公司以银行存款1 100万元吸收合并B公司，形成非同一控制下的吸收合并。A公司于合并日根据相关原始凭证，应做如下会计处理：

借：库存现金、银行存款、库存商品、固定资产、无形资产、…… 15 000 000

商誉 1 000 000

贷：短期借款、应付职工薪酬、应交税费、其他应付款、…… 5 000 000

银行存款 11 000 000

例7-18 以表7-5中的数据为例，假定A公司20×1年1月1日以银行存款580万元以非同一控制下企业合并的方式吸收合并B公司。A公司于合并日根据相关原始凭证，应做如下会计处理：

借：库存现金、银行存款、库存商品、固定资产、无形资产、…… 15 000 000

贷：短期借款、应付职工薪酬、应交税费、其他应付款、…… 5 000 000

银行存款 5 800 000

营业外收入 4 200 000

(2) 非同一控制下控股合并取得的长期股权投资的初始确认和计量。

非同一控制下的控股合并中，购买方取得被购买方控制权而支付的对价，即为非同一控制下长期股权投资初始成本（初始入账价值）。与非同一控制下吸收合并相比，似乎既未反映“商誉”，也未反映“营业外收入”，人们会以为这与非同一控制下的吸收合并遵循的不是一个原则。实际上，非同一控制下吸收合并产生的商誉或营业外收入会通过编制合并财务报表的方式予以体现。换句话说，非同一控制下的吸收合并，商誉或营业外收入在以公允价值购买被购买方可辨认资产、负债时产生，并直接计入购买方个别会计报表中；非同一控制下的控股合并，商誉或营业外收入在以公允价值购买被购买方的可辨认净资产的权益份额时产生，但并不直接计入购买方个别会计报表中，而是通过编制合并财务报表的方式将商誉或营业外收入体现在合并财务报表中。合并财务报表的商誉或营业外收入可以通过下列公式计算得出：

$$\text{购买日合并财务报表的商誉或营业外收入} = \text{购买日长期股权投资初始成本} - \text{购买日被购买方可辨认净资产公允价值} \times \text{购买方持有被购买方的股权比例}$$

“购买日被购买方可辨认净资产公允价值×购买方持有被购买方的股权比例”实际上就是购买方在购买日持有的股权占被购买方可辨认净资产的份额，或称权益份额。购买方在购买日的长期股权投资初始成本如果大于该权益份额，其差额即为合并财务报表中合并商誉的初始金额；购买方在购买日的长期股权投资初始成本如果小于该权益份额，其差额即为合并财务报表中合并营业外收入的初始金额。

从该方法可以看出，非同一控制下的吸收合并和控股合并都采用了一致性原则进行相应的会计处理，只不过非同一控制下的吸收合并不编制合并财务报表，商誉或营业外收入直接计入购买方个别财务报表，而非同一控制下的控股合并需要将被合并企业个别财务报表与购买方个别财务报表按照合并财务报表会计准则的要求编制合并财务报表，在合并财务报表中体现非同一控制下的合并商誉或合并营业外收入。关于合并财务报表的编制问题，本书不予详细介绍。

例 7-19　以表 7-5 中的数据为例，假定 20×1 年 1 月 1 日 A 公司以银行存款 1 000 万元获得 B 公司 90%有表决权股份，并形成非同一控制下的控股合并。A 公司根据相关原始凭证，做如下会计处理：

	借方	贷方
借：长期股权投资	10 000 000	
贷：银行存款		10 000 000

按照合并财务报表会计准则的相关处理方法，20×1 年 1 月 1 日 A 公司在编制购买日合并财务报表时，合并财务报表中应确认对 B 公司的合并商誉为 200（1 100－1 000×90%）万元。除商誉发生减值外，无论 A 公司对 B 公司的控制权比例是否发生变化（如收购少数股权、处置部分股权但不失去控制权等），在 A 公司一直控制 B 公司期间，A 公司对 B 公司的合并商誉保持 200 万元不变。

例 7-20　以表 7-5 中的数据为例，假定 20×1 年 1 月 1 日 A 公司以银行存款 500 万元获得 B 公司 90%有表决权股份，并形成非同一控制下的控股合并。A 公司根据相关原始凭证，做如下会计处理：

	借方	贷方
借：长期股权投资	5 000 000	
贷：银行存款		5 000 000

按照合并财务报表会计准则的相关处理方法，20×1 年 1 月 1 日 A 公司在编制购买日合并财务报表时，合并财务报表中应确认对 B 公司的合并营业外收入为 400（500－1 000×

90%）万元。无论A公司对B公司的控制权比例是否发生变化（如收购少数股权、处置部分股权但不失去控制权等），在A公司一直控制B公司期间，A公司对B公司的合并营业外收入保持400万元不变。

例7-21 以表7-5中的数据为例，假定A公司于20×1年1月1日向B公司定向增发普通股500万股（每股面值1元，每股市价3元），取得B公司90%有表决权股份，并形成非同一控制下的控股合并。A公司根据相关原始凭证，做如下会计处理：

借：长期股权投资　　15 000 000

　贷：股本　　5 000 000

　　　资本公积——股本溢价　　10 000 000

该例中，A公司在编制购买日20×1年1月1日合并财务报表时，合并财务报表中应确认对B公司的合并商誉600（1 500－1 000×90%）万元。

关于合并财务报表，初学者需要了解的基本内容是，合并财务报表编制的最基本目的和原则主要有两条：一是避免母公司与子公司财务报表简单加总而夸大公司规模，因而需要将母公司对子公司的股权投资与子公司所有者权益中母公司享有的份额进行抵消；二是避免和防止母公司与子公司财务报表简单加总而夸大公司财务成果，因而需要将母公司与子公司及子公司相互之间的内部交易未实现损益予以抵消。通过以上两类抵消，能够使合并财务报表反映以集团为报告主体的财务状况和经营成果。只不过，同一控制下的合并财务报表，以母公司和子公司个别财务报表的账面价值为基础进行编制，而非同一控制下由于以公允价值为基础进行购买而形成母子公司关系，因此应将母公司个别报表账面价值和子公司自购买日起可辨认资产、负债及可辨认净资产公允价值为基础持续计算的结果作为合并基础，进行财务报表合并。

关于合并财务报表编制方法，有兴趣的学员可参考合并财务报表会计准则，本书不予赘述。

3. 长期股权投资核算的成本法

长期股权投资的后续计量是指长期股权投资自初始确认以后，在持有期间的计量方法。按照我国《企业会计准则》的相关要求，在个别财务报表中，除满足以金融工具确认和计量的投资（符合以交易性金融资产、其他权益工具投资等进行核算的金融资产）、股权投资外，根据长期股权投资的投资方对被投资单位的影响程度不同，分别采用成本法和权益法进行核算。其中，投资方持有的对子公司的投资应当采用成本法核算。

长期股权投资的后续计量主要包括长期股权投资账面价值的调整、投资收益的确认以及长期股权投资减值等。这里主要介绍前两者。

（1）长期股权投资账面价值的调整。

采用成本法核算的长期股权投资在初始计量时，分别按照同一控制下和非同一控制下控股合并的核算方法进行初始计量。在持有长期股权投资期间可能会追加投资，也可能会对持有的股权投资进行部分处置。

在追加投资时，无论原持有的长期股权投资是源自同一控制还是非同一控制，均按追加投资支付的成本的公允价值及发生的相关交易费用增加长期股权投资的账面价值。处置长期股权投资时，应将处置价款与处置长期股权投资部分的账面价值的差额计入投资收益，借记“银行存款”等账户，贷记“长期股权投资”等账户，其差额借记或贷记“投资收益”账户，但如果部分处置长期股权投资后剩余股权投资需要按权益法或公允价值计量，则应对剩余股权投资做相应调整，转为按权益法核算或转为相关的金融资产。对剩余股权投资进行的核算方法转换，本书不予介绍和说明。

（2）长期股权投资投资收益的确认。

长期股权投资的投资收益主要来自两个方面：一是持有长期股权投资期间分得的现金股利或利润；二是转让长期股权投资收到的对价与转让长期股权投资账面价值的差额，即转让损益。

例 7-22　20×0 年，A 公司以银行存款 100 000 元向 B 公司进行股权投资，该投资占 B 公司可辨认净资产公允价值的 60%，形成非同一控制下的控股合并。购买日，B 公司可辨认净资产公允价值为 150 000 元。自购买日起至 20×1 年 12 月 31 日，A 公司对 B 公司未增资也未减资，且对 B 公司的长期股权投资未发生减值。20×1 年 12 月 31 日，该长期股权投资的账面价值为 100 000 元。20×2 年与该长期股权投资有关的经济业务如下：

（1）20×2 年 3 月 18 日，B 公司股东大会决议，宣告发放现金股利总计 10 000 元，A 公司于 20×2 年 3 月 25 日收到应得股利 6 000 元并存入银行。A 公司根据相关原始凭证，做如下会计处理：

20×2 年 3 月 18 日：

借：应收股利——应收 A 公司股利　　6 000

　贷：投资收益　　6 000

20×2 年 3 月 25 日：

借：银行存款　　6 000

　贷：应收股利——应收 A 公司股利　　6 000

（2）20×2 年 12 月 13 日，A 公司将持有 B 公司股权的 10%出售，剩余股权占 B 公司股权比率下降到 54%（A 公司仍为 B 公司的控股公司）。当日，A 公司将出售股权的收入 14 000 元存入银行。A 公司根据相关原始凭证，做如下会计处理：

借：银行存款　　14 000

　贷：长期股权投资　　10 000

　　　投资收益　　4 000

根据上述内容可以判断，20×2 年 12 月 31 日，B 公司仍应纳入 A 公司的合并财务报表范围，且应确认对 B 公司的合并商誉仍为 10 000（100 000－150 000×60%）元。

二、非企业合并形成的长期股权投资

根据前述说明可知，会计准则所指的非企业合并形成的长期股权投资主要是指对联营企业和合营企业的投资，该投资应采用权益法核算。

（一）权益法下长期股权投资的初始确认和计量

企业对联营和合营企业的投资不具有控制能力，只是对被投资单位具有重大影响。因此，对联营和合营企业投资的初始投资成本不再考虑是否与同一控制有关，股权交易都应基于公允价值基础，也就是应以联营和合营企业可辨认净资产公允价值为基础计量长期股权投资的初始成本，即采用与非同一控制基本一致的思路对长期股权投资进行初始确认和计量。具体来说就是：由于联营和合营企业不纳入投资方合并财务报表，相对于享有的联营和合营企业可辨认净资产份额而言，多付出的代价应作为一项资产，少付出的代价作为营业外收入。只不过将支付的对价大于享有的联营和合营企业可辨认净资产份额的差额作为资产处理时，无法以“商誉”项目予以表达，因为商誉只产生于非同一控制下的企业合并，只能将其作为隐含商誉包括在长期股权投资账面价值内。换句话说，权益法下的长期股权投资初始计量时，应在以下两者中选择较高者：（1）支付的对价（初始成本）；（2）享有的被投资单位可辨认净资产公允价值的份额。如果前者大于后者，长期股权投资的初始入账价值就是前者；如果前者小于后者，长期股权投资的初始入账价值就是后者，其差额作为营业外收入调整长期股权投资的账面价值。

例7-23 A企业于20×1年1月1日以银行存款6 000万元支付股权投资款，取得B公司30%的有表决权股份。当日，B公司可辨认净资产公允价值为15 000万元。A企业能够对B公司施加重大影响，并对该投资采用权益法核算。该例中，初始投资成本为6 000万元，享有被投资单位可辨认净资产公允价值的份额为4 500（15 000×30%）万元，则长期股权投资初始入账价值为6 000万元。A企业根据相关原始凭证，做如下会计处理：

借：长期股权投资——投资成本　　60 000 000
　贷：银行存款　　60 000 000

例7-24 A企业于20×1年1月1日以银行存款6 000万元支付股权投资款，取得B公司30%的有表决权股份。当日，B公司可辨认净资产公允价值为24 000万元。A企业能够对B公司施加重大影响，并对该投资采用权益法核算。该例中，初始投资成本为6 000万元，享有被投资单位可辨认净资产公允价值的份额为7 200（24 000×30%）万元，则长期股权投资初始入账价值为7 200万元，7 200万元大于初始成本6 000万元的差额1 200万元，作为营业外收入[①]并调整长期股权投资的账面价值。根据相关原始凭证，做如下会计处理：

借：长期股权投资——投资成本　　60 000 000
　贷：银行存款　　60 000 000

同时：

借：长期股权投资——投资成本　　12 000 000
　贷：营业外收入　　12 000 000

或：

借：长期股权投资——投资成本　　72 000 000
　贷：银行存款　　60 000 000
　　　营业外收入　　12 000 000

① 该业务确认的营业外收入列入“非经常性损益”项目的“企业取得子公司、联营企业及合营企业的投资成本小于取得投资时应享有被投资单位可辨认净资产公允价值产生的收益”项目中。

（二）权益法下长期股权投资的后续计量

权益法下长期股权投资的后续计量涉及持有投资期间随着被投资单位所有者权益变动对长期股权投资账面价值进行调整、投资核算方法转化以及长期股权投资减值及处置等内容。本书仅就其基本原理及处置等主要内容加以简要说明。

1. 基本原理

企业进行长期股权投资，对被投资单位具有重大影响或实施共同控制时，并不通过编制合并财务报表的方式反映对联营及合营企业的投资价值，需要以被投资单位所有者权益（净资产）的价值变化反映长期股权投资的价值变化及结果。换句话讲，控制情况下，需要将被投资单位以投资日可辨认净资产公允价值为基础持续计算的财务报表并入投资方合并财务报表，以整体反映集团的财务状况、经营成果和现金流量等。对联营及合营企业的长期股权投资，需要以“长期股权投资”反映投资于联营及合营企业的投资价值及其构成。因此，可以将长期股权投资权益法理解为一种特殊的合并方法，即“一项合并”，将对联营及合营企业投资价值的变化通过“长期股权投资”项目集中核算和反映。也就是说，自投资日起至资产负债表日，被投资单位实现的净损益、进行的利润分配、产生的其他综合收益及所有者权益的其他变动[①]等所有者权益的变化，由投资方按持股比例计算的应享有部分，应通过“长期股权投资”账户确认投资价值的变化。

（1）对被投资单位获得的经调整后的净利润等的处理。

按会计准则要求的方法确认享有被投资单位净利润的份额时，应借记“长期股权投资——损益调整”账户，贷记“投资收益”账户。

需要特别说明的是，投资方享有联营和合营企业的净损益的份额，应在投资方和被投资单位采用的会计政策和会计期间一致的前提下，以被投资单位自投资方投资日起可辨认资产、负债公允价值为基础持续计算实现的净损益为基础，而不是以被投资单位按其账面价值报告的净损益为基础，且应剔除投资方（含纳入投资方合并财务报表范围的子公司）与其联营及合营企业之间发生的不构成业务[②]的内部交易（包括投出和出售）未实现损益中按投资方（含纳入投资方合并财务报表范围的子公司）计算应享有的权益份额。因此，享有被投资单位净利润的份额应以经上述调整后的净利润为基础计算确定。

（2）对被投资单位其他综合收益变动的处理。

被投资单位其他综合收益发生变动的，投资方应当按照本企业应分享的部分相应调整长期股权投资的账面价值，借记（或贷记）“其他综合收益”账户，贷记（或借记）“长期股权投资——其他综合收益”账户。需要说明的是，被投资单位的其他综合收益可能来自其他债权投资的公允价值变动，也可能来自其他权益工具投资的公允价值变动。处置长期

---

① 所有者权益的其他变动主要包括被投资单位接受的其他股东资本性投入、发行可分离交易的可转债中包含的权益成分、以权益结算的股份支付、其他股东对被投资单位增资导致投资方持股比例变动等。此类内容需要投资方按享有的份额变动记入“资本公积——其他资本公积”账户。

② 业务是指企业内部某些生产经营活动或资产和负债的组合，该组合具有投入、加工处理和产出能力，能够独立计算其成本费用或所产生的收入，如分公司等。但如果一家公司（包括分公司）资产中只有货币资金用于零星开支，没有其他资产，那么这家公司不能构成业务。

股权投资时，与之相关的其他综合收益应采用与被投资单位直接处置相关资产相同的基础进行处理，即与其他债权投资部分相关的其他综合收益转为损益（投资收益），与其他权益工具投资相关的其他综合收益不能转为损益而应转为留存收益。

（3）对被投资单位分配现金股利或利润的处理。

被投资单位分配现金股利或利润会导致被投资单位所有者权益相应减少，因而投资方应按被投资单位分配的现金股利或利润由投资方享有的部分调低长期股权投资账面价值。即在被投资单位宣告发放现金股利或利润时，借记“应收股利”账户，贷记“长期股权投资——损益调整”账户。

例 7-25 甲公司于 20×1 年 1 月 1 日购入乙公司 30%的有表决权股份，支付价款 2 100万元（含交易费用），并自取得投资之日起派人参与乙公司的生产经营决策及管理。取得投资当日，乙公司可辨认净资产的公允价值为 6 000 万元。除表 7-6 所列资产外，乙公司其他资产、负债的公允价值与账面价值相同。甲公司与乙公司的会计期间及采用的会计政策完全一致，固定资产、无形资产均按直线法提取折旧或摊销，且预计净残值均为零。

表 7-6 乙公司可辨认资产账面价值与公允价值对比表

20×1 年 1 月 1 日

单位：万元

项目	账面原价	已提折旧或摊销	公允价值	乙公司原预计使用年限	甲公司取得投资后的预计剩余使用年限
存货	500	—	700	—	—
固定资产	1 200	240	1 600	20	16
无形资产	700	140	800	10	8
小计	2 400	380	3 100	—	—

乙公司于 20×1 年实现净利润 600 万元，当年利润表中反映的其他综合收益为 300 万元（其中 100 万元为其他债权投资公允价值变动，200 万元为其他权益工具投资的公允价值变动）。其中，在甲公司取得投资时的账面存货有 80%对外出售。假定甲公司和乙公司未发生内部交易。20×2 年 3 月，乙公司宣告发放现金股利 120 万元，甲公司应于乙公司宣告股利发放日确认应收股利 36（120×30%）万元。甲公司根据相关备查资料及乙公司财务报表等，将利润调整为以投资日公允价值为基础持续计算的净利润，即 370 万元。调整过程是：

乙公司报表净利润： 600（万元）

存货的影响：+500×80%−700×80% −160（万元）

固定资产折旧的影响：+1 200÷20−1 600÷16 −40（万元）

无形资产摊销的影响：+700÷10−800÷8 −30（万元）

以投资日乙公司可辨认资产、负债公允价值为基础持续计算的净利润： 370（万元）

根据相关原始凭证，甲公司应做如下会计处理：

（1）20×1 年 1 月 1 日，初始投资成本 2 100 万元，应享受乙公司可辨认净资产公允价值的份额为 1 800（6 000×30%）万元，2 200 万元>1 800 万元，确认长期股权投资初始成本 2 100 万元。

借：长期股权投资——投资成本 21 000 000

贷：银行存款 21 000 000

(2) 20×1 年 12 月 31 日，对净损益的调整：370×30%=111（万元）。

借：长期股权投资——损益调整 1 110 000

贷：投资收益 1 110 000

(3) 20×1 年 12 月 31 日，对其他综合收益变动的调整：300×30%=90（万元）。

借：长期股权投资——其他综合收益——将重分类进损益的其他综合收益 300 000

——不能重分类进损益的其他综合收益 600 000

贷：其他综合收益——将重分类进损益的其他综合收益 300 000

——不能重分类进损益的其他综合收益 600 000

(4) 20×2 年 3 月，对发放现金股利的调整：

借：应收股利 360 000

贷：长期股权投资——损益调整 360 000

2. 处置或部分处置长期股权投资

处置长期股权投资涉及两方面内容：一是处置（含部分处置）时确认投资收益及留存收益；二是部分处置后剩余股权投资的会计核算方法。

(1) 处置（含部分处置）时确认投资收益或留存收益。

采用权益法核算的长期股权投资处置或部分处置时，根据处置部分实际收到的款项借记“银行存款”等账户，按处置长期股权投资的账面余额贷记“长期股权投资”账户（如果计提过减值，还应同时将与之相关的减值一并结转，借记“长期股权投资减值准备”账户），按两者的差额借记或贷记“投资收益”账户；同时将长期股权投资账面价值中与处置相关的所有者权益其他变动记入“资本公积——其他资本公积”的部分、与处置相关的由其他债权投资等导致的将重分类进损益的其他综合收益变动记入“其他综合收益”的部分转为投资收益，将与处置相关的由其他权益工具投资等导致的不能重分类进损益的其他综合收益变动记入“其他综合收益”的部分转为留存收益（记入“利润分配——未分配利润”账户）。

例 7-26 以例 7-25 的资料为例，截至 20×2 年 3 月 31 日，甲公司对乙公司按权益法核算的长期股权投资账面价值为 2 265 万元，其中投资成本 2 100 万元，损益调整 75（111−36）万元，其他综合收益 90 万元（包括将重分类进损益的其他综合收益 30 万元，不能重分类进损益的其他综合收益 60 万元）。20×2 年 4 月 1 日，甲公司将持有乙公司 30%的股权中的 1/3（即将乙公司 10%的有表决权股份）转让出售，将转让价款 825 万元存入银行并完成了股权转让手续，剩余股权占乙公司有表决权股份的 20%，对乙公司仍具有重大影响，继续以权益法进行核算。甲公司根据相关原始凭证，做如下会计处理：

借：银行存款 8 250 000

贷：长期股权投资——投资成本 7 000 000

——损益调整 250 000

——其他综合收益——将重分类进损益的其他综合收益 100 000
——不能重分类进损益的其他综合收益 200 000
投资收益 700 000

同时：

借：其他综合收益——将重分类进损益的其他综合收益 100 000
贷：投资收益 100 000

借：其他综合收益——不能重分类进损益的其他综合收益 200 000
贷：利润分配——未分配利润 200 000

或：

借：其他综合收益——将重分类进损益的其他综合收益 100 000
——不能重分类进损益的其他综合收益 200 000
贷：投资收益 100 000
利润分配——未分配利润 200 000

(2) 部分处置后剩余股权投资的会计核算方法。

权益法核算的长期股权投资在部分处置后，剩余股权投资一般有两种可能性：一是剩余股权投资对被投资单位来说仍满足以权益法核算的条件（如例7-26）；二是剩余股权投资不再满足以权益法核算的条件而符合金融工具确认和计量准则中规定的金融资产核算的条件。

剩余股权投资对被投资单位来说仍满足以权益法核算的条件的，继续以权益法进行后续计量。剩余股权投资不再满足以权益法核算的条件而应改按金融资产进行核算的，根据企业管理该金融资产的业务模式、现金流量特征等，将剩余股权投资在丧失重大影响或共同控制之日的公允价值作为相关金融资产的初始入账价值，以“交易性金融资产”或“其他权益工具投资”进行初始确认并按照金融工具确认和计量准则的要求进行后续计量。在本课程中，剩余股权投资核算方法的转化无须掌握，有兴趣的学员可通过相关资料加以了解。

第八章 税金及附加和其他业务

本章主要从会计角度对税金及附加、资产处置损益、其他收益和营业外收支等影响企业利润的事项和业务进行简要说明。

第一节　税金及附加

一、税金及附加的主要内容

以“税”、“费”或“基金”命名的税费主要包括增值税、消费税、资源税、城市维护建设税、教育费附加、房产税、土地使用税、车船使用税、印花税、车辆购置税、契税、烟叶税、关税、耕地占用税、水资源税、环境保护税、文化事业建设费、水利建设基金等。这些税、费或基金，按照会计核算归属的科目特点，可以分为四类：增值税；所得税；计入相关资产成本的税费；记入“税金及附加”科目的税费。其中：

（1）增值税是价外税，企业缴纳增值税的多少与企业的利润无关。会计上单独以“应交税费”科目中相关的明细科目或栏目进行核算，其具体内容详见表5-3。

（2）所得税依据《企业所得税法》的相关规定和要求，依企业应纳税所得额和适用的所得税税率计算缴纳。会计上通过“所得税费用”科目进行核算。

（3）计入相关资产成本的税费是指按照相关规定和要求计入相关资产成本的税费，主要包括车辆购置税、契税、耕地占用税、烟叶税、关税，以及转让的国有土地使用权与其地上建筑物及其附着物且一并在“固定资产”或“在建工程”科目核算的不动产[①]所产生的土地增值税。这类税费在会计上直接计入相关资产的成本，通过“固定资产”“无形资产”“原材料”“在建工程”“固定资产清理”等科目进行核算。

（4）记入“税金及附加”科目的税费是指按现行会计准则及相关制度的规定，以“税金及附加”科目核算并列入利润表“税金及附加”项目的税费，主要包括企业经营活动发生的消费税、城市维护建设税、资源税、教育费附加、房产税、土地使用税、车船使用税、印花税、水资源税、环境保护税、文化事业建设费、水利建设基金等相关税费，以及房地产开发企业开发产品销售由企业营业收入负担的土地增值税等。以“税金及附加”科

① 不动产是指依照其物理性质不能移动或者移动将严重损害其经济价值的有形物，包括土地以及房屋、林木等地上附着物。

目核算的各种税费，均可理解为是价内税。价内税的多少是影响企业利润大小的重要因素之一。

本部分以消费税、城市维护建设税和教育费附加为主，说明税金及附加的核算。

（一）消费税

消费税是以特定消费品为课税对象，在对货物普遍征收增值税的基础上，选择特定的消费品和消费行为在特定的环节[①]征收的一种税。

现行消费税的征收范围主要包括烟，酒，高档化妆品，鞭炮、焰火，贵重首饰及珠宝玉石，成品油，摩托车，小汽车，高尔夫球及球具，高档手表，游艇，木制一次性筷子，实木地板，涂料，电池税目。

消费税的计税依据分别采用从价和从量两种计税方法。实行从价计税办法征税的应税消费品，计税依据为应税消费品的销售额，如对不含增值税销售价格每只在 10 000 元（含）以上的各类高档手表，在零售环节按其销售额的 20%征收消费税。实行从量定额办法计税时，通常以每单位应税消费品的重量、容积或数量为计税依据，如啤酒在生产环节按销售量每吨征收 250 元的消费税。

（二）城市维护建设税

城市维护建设税是以纳税人实际缴纳的增值税、消费税的税额为计税依据，依法计征的一种税。纳税人所在地区为市区的，税率为 7%；纳税人所在地区为县城、县属镇（区级镇）的，税率为 5%；纳税人不在市区、县城、县属镇的，税率为 1%。应交城市维护建设税的计算公式如下：

应交城市维护建设税＝(实际缴纳的增值税＋实际缴纳的消费税)×适用税率

除特殊情况[②]可予以减免城市维护建设税外，一般不能单独减免。

（三）教育费附加

教育费附加是以纳税人实际缴纳的增值税、消费税的税额为依据，依法计征的一种附加费用，包括教育费附加和地方教育附加。教育费附加征收比率为 3%，地方教育附加征收比率为 2%。计算公式为：

教育费附加＝(实际缴纳的增值税＋实际缴纳的消费税)×3%

地方教育附加＝(实际缴纳的增值税＋实际缴纳的消费税)×2%

---

① 消费税的纳税环节包括四种：(1) 生产环节：纳税人生产的应税消费品，由生产者在销售时纳税。其中自产自用的用于本企业连续生产的不纳税；用于其他方面的，于移送使用时纳税。委托加工的应税消费品，由受托方在向委托方交货时代扣代缴。(2) 进口环节：纳税人进口的应税消费品，由进口报关者于报关进口时纳税。(3) 批发环节：卷烟批发企业将从烟厂购买的卷烟销售给零售单位，卷烟批发企业在批发环节按 11%缴纳从价消费税并按 0.005 元/支加征从量消费税。(4) 零售环节：金银首饰（金、银和金基、银基合金首饰，以及金、银和金基、银基合金的镶嵌首饰）消费税在零售环节缴纳，在其他环节不缴纳。对超豪华小汽车（每辆不含增值税零售价格 130 万元及以上的乘用车和中轻型商用客车），在生产（进口）环节按现行税率征收消费税基础上，在零售环节加征 10%的消费税。

② 如海关对进口产品代征的增值税、消费税，不征收城市维护建设税。

二、税金及附加的核算

（一）税金及附加的核算方法

企业的税金及附加一般通过“税金及附加”及“应交税费”账户进行核算。需要注意的是：

（1）一般情况下，“应交税费”账户核算的是除耕地占用税、契税、印花税、车辆购置税等特殊项目以外的所有税费。耕地占用税、契税、印花税、车辆购置税一般在实际发生时直接借记“税金及附加”“固定资产”“无形资产”“开发成本”等账户，贷记“银行存款”等账户，不通过“应交税费”账户核算。

（2）应交增值税、代扣代缴的个人所得税、应交企业所得税及计入相关资产或成本的其他应交税费，通过“应交税费”账户核算，但不记入“税金及附加”账户。其中，结算代扣代缴的个人所得税时，借记“应付职工薪酬”账户，贷记“应交税费——应交个人所得税”账户；企业计算出应交企业所得税时，借记“所得税费用”账户（有时还会借记“其他综合收益”账户）等，贷记“应交税费——应交企业所得税”账户。

（二）税金及附加的核算举例

例 8-1　甲公司是一家生产销售大排量（300cc 及以上）摩托车的大型企业，属于增值税一般纳税人，摩托车销售适用的增值税税率为 13%，消费税税率为 10%，城市维护建设税税率为 7%，教育费附加征收比率为 3%，地方教育费附加征收比率为 2%。20×1 年 12 月，甲公司销售大排量摩托车的销售收入（不含增值税）为 100 万元，本月应交增值税 4 万元。与本月摩托车销售相关的消费税、城市维护建设税及教育费附加计算如下：

应交消费税＝100×10%＝10（万元）

应交城市维护建设税＝（4＋10）×7%＝0.98（万元）

应交教育费附加＝（4＋10）×3%＝0.42（万元）

应交地方教育费附加＝（4＋10）×2%＝0.28（万元）

根据相关原始凭证，进行如下会计处理：

借：税金及附加——消费税	100 000	
——城市维护建设税	9 800	
——教育费附加	7 000	
贷：应交税费——应交消费税		100 000
——应交城市维护建设税		9 800
——应交教育费附加		7 000

甲公司按规定于 20×2 年 1 月份实际缴纳上述税费时，根据相关原始凭证，进行如下会计处理：

借：应交税费——应交消费税	100 000
——应交城市维护建设税	9 800

——应交教育费附加 7 000

贷：银行存款 116 800

第二节 资产处置损益和其他收益

一、资产处置损益

资产处置损益是出售或转让固定资产、无形资产、在建工程、生产性生物资产及无形资产等的处置利得或损失，以及出售划分为持有待售的非流动资产[①]（金融工具、长期股权投资和投资性房地产除外）或处置组时确认的利得或损失。资产处置损益是企业利润总额的重要组成部分。

下面以固定资产和无形资产为例说明资产处置损益的会计核算方法。

处置固定资产、转让无形资产等，与企业的经营业务无关，不需要单独反映处置收益、处置成本及相关的处置费用。一般情况下，仅需要反映处置的净损益，即资产处置损益。

（一）处置固定资产

一般情况下，处置固定资产需要办理固定资产停用、清理、出售、过户等相关手续，为集中反映固定资产清理过程及结果，需要单独设置“固定资产清理”账户。固定资产处置完成后，将取得的清理收入与发生的清理成本、清理费用进行比较，确定清理净损益，并通过“资产处置损益”账户予以反映。其中，清理收入是指出售固定资产的不含增值税收入。因此，需要了解和熟悉一般纳税人销售使用过的固定资产[②]的增值税问题。

一般地，含增值税的固定资产销售价格与转让固定资产的增值税的关系如下：

（1）以前购进的增值税不得抵扣的固定资产再进行销售的，增值税＝销售价格÷1.03×2％[③]；

（2）以前购进的增值税已经抵扣的固定资产再进行销售的，增值税＝销售价格÷1.13×13％。

---

① 持有待售的非流动资产是指在满足一定条件下的非流动资产应该被划分为持有待售的情况。同时满足下列条件的非流动资产应当划分为持有待售：（1）企业已经就处置该非流动资产做出决议；（2）企业已经与受让方签订了不可撤销的转让协议；（3）该项转让将在一年内完成。持有待售的非流动资产包括单项资产和处置组。单项资产包括固定资产、无形资产、长期股权投资；处置组是指作为整体出售或以其他方式一并处置的一组资产，如果处置组是一个资产组，并按照《企业会计准则第 8 号——资产减值》的规定将企业合并中取得的商誉分摊至该资产组，那么处置组应包括商誉。此处所指的其他非流动资产不包括递延所得税资产、《企业会计准则第 22 号——金融工具确认和计量》规范的金融资产、以公允价值计量的投资性房地产和生物资产、保险合同中产生的合同权利等。持有待售的固定资产不计提折旧，按照账面价值与公允价值减去处置费用后的净额孰低进行计量。

② 使用过的固定资产，是指纳税人使用期限超过 12 个月的机器、机械、运输工具以及其他与生产经营有关的设备、工具、器具等有形资产，并根据财务会计制度已经计提折旧的固定资产。

③ 小规模纳税人销售自己使用过的固定资产一般也使用这个公式计算。

对于不动产（包括以直接购买、接受捐赠、接受投资入股、自建以及抵债等各种形式取得的不动产）处置，一般纳税人采用一般计税方法所适用的增值税税率为9%。但按相关规定，一般纳税人转让的不动产如果是在2016年4月30日前取得的，企业可以选择简易计税方法或一般计税方法；转让的不动产如果是在2016年5月1日以后取得的，应按一般计税方法计税。无论转让的不动产是2016年4月30日取得还是2016年5月1日以后取得，转让不动产均采用按照5%的预征率向不动产所在地主管税务机关预缴税款的方式申报纳税。企业预缴的增值税税款，可以在当期增值税应纳税额中抵减，抵减不完的，结转下期继续抵减。房地产开发企业销售自行开发的房地产适用其他规定，本书不予涉及。

一般纳税人转让不动产预缴增值税的计算依据有两种：一是取得的全部价款和价外费用扣除不动产购置原价或者取得不动产时的作价后的余额；二是取得的全部价款和价外费用。为便于理解，本章将以取得的全部价款和价外费用扣除不动产购置原价或者取得不动产时的作价后的余额为依据的方法称为余额法计税，将以取得的全部价款和价外费用为依据的方法称为总额法计税。相关计算公式为：

余额法计税下应预缴税款＝(全部价款和价外费用－不动产购置原价或取得时的作价)÷(1+5%)×5%

总额法计税下应预缴税款＝全部价款和价外费用÷(1+5%)×5%

一般纳税人转让不动产应交增值税及预缴增值税的基本情况如表8-1所示。

表8-1　一般纳税人转让不动产应交增值税及预缴增值税依据一览表

项目	取得时间	一般计税	简易计税	预缴税款
		9%	5%	5%
非自建	2016年4月30日及以前	或总额（销售额）	或余额	余额
	2016年5月1日及以后	总额（销售额）	—	余额
自建	2016年4月30日及以前	或总额（销售额）	或总额	总额
	2016年5月1日及以后	总额（销售额）	—	总额

注：本表所列内容不包括房地产开发企业销售自行开发的房地产项目。

本书仅以一般固定资产的处置净损益为例说明资产处置损益的核算方法。

例8-2　甲公司为增值税一般纳税人，20×1年12月25日出售其于2017年购入的某机器设备，该设备原值为50 000元，已经使用两年并计提累计折旧20 000元，未计提过固定资产减值准备。为出售该固定资产，以现金支付清理费用212元，其中准予抵扣的增值税进项税额为12元。出售该固定资产总价款38 420元于固定资产出售时收到并存入银行，其中，固定资产售价34 000元，增值税销项税额为4 420元。根据相关原始凭证，进行如下会计处理：

(1) 将机器设备转入清理，注销其原值和累计折旧时：

借：固定资产清理　　30 000

　　累计折旧　　20 000

　贷：固定资产　　50 000

（2）支付清理费用时：

借：固定资产清理　　200

　　应交税费——应交增值税（进项税额）　　12

　贷：库存现金　　212

（3）收取出售机器设备的价款时：

借：银行存款　　38 420

　贷：固定资产清理　　34 000

　　　应交税费——应交增值税（销项税额）　　4 420

（4）结转出售机器设备的清理净损益时：

借：固定资产清理　　3 800（34 000－30 000－200）

　贷：资产处置损益　　3 800

假如该机器设备原值为70 000元，已使用两年时间，共计提累计折旧13 440元，未发生减值。应结转的资产处置损益表现为净损失，即22 760［34 000－(70 000－13 440)－200］元，结转净损益时，应进行如下会计处理：

借：资产处置损益　　22 760

　贷：固定资产清理　　22 760

（二）转让无形资产

一般情况下，企业转让无形资产的程序，相对于固定资产进行清理处置而言比较简单，无须设置无形资产清理等类似账户进行核算。在出售无形资产时，企业不再对该项无形资产拥有占有、使用、收益、处置的权利，一般将出售所得的不含增值税价款扣除无形资产账面价值（无形资产原值减去无形资产累计摊销，如果提取过减值，则再扣除无形资产减值准备）及因转让无形资产支付的直接费用后的差额确认为资产处置损益。一般地，除符合条件的企业按规定准予减免增值税外，企业转让无形资产、销售无形资产一般适用6%的增值税税率（土地使用权除外）。

在会计处理上，一般纳税人出售无形资产时，应按出售无形资产的全部价款，借记“银行存款”等账户，按无形资产的累计摊销额，借记“累计摊销”账户，按应缴纳的增值税销项税额，贷记“应交税费——应交增值税（销项税额）”账户，按无形资产的原始价值，贷记“无形资产”账户，如果计提了无形资产减值准备，还应按转让无形资产所提取的减值准备，借记“无形资产减值准备”账户，按借贷方差额，借记或贷记“资产处置损益”账户。

例8－3　甲公司于20×1年12月28日出售一项无形资产，将收到的价款100万元及增值税销项税额6万元共计106万元存入银行，并以银行存款支付转让无形资产的法律服务费1.06万元（其中准予抵扣的增值税进项税额0.06万元）。该无形资产的原始价值为150万元，已计提累计摊销30万元，未计提过无形资产减值准备。该无形资产转让获得的净损失为21［100－(150－30)－1］万元。根据相关原始凭证，进行如下会计处理：

借：银行存款　　1 060 000

　　累计摊销　　300 000

应交税费——应交增值税（进项税额）	600
资产处置损益	210 000
贷：应交税费——应交增值税（销项税额）	60 000
无形资产	1 500 000
银行存款	10 600

二、其他收益

其他收益是指按照会计准则及相关制度要求并符合其他收益条件的政府补助，以及其他与企业日常活动相关且计入其他收益的项目。企业作为个人所得税的扣缴义务人，根据《中华人民共和国个人所得税法》的规定收到的扣缴税款手续费，作为其他与日常活动相关的收益即其他收益核算。生产、生活性服务业纳税人[①]按照当期可抵扣进项税额加计10%（抵减应纳税额的加计抵减额）也作为其他收益核算。

政府补助一般于实际收到时确认，其中与资产相关的政府补助，冲减相关资产的账面价值或确认为递延收益（在相关资产使用寿命内按照合理、系统的方法分期计入其他损益，相关资产在使用寿命结束前被出售、转让、报废或发生毁损）的，将尚未分配的相关递延收益余额转入资产处置当期的其他收益。与收益相关的政府补助中，用于补偿企业以后期间的相关成本费用或损失的，确认为递延收益，并在确认相关成本费用或损失的期间，计入当期其他收益或冲减相关成本；用于补偿企业已发生的相关成本费用或损失的，直接计入当期其他收益或冲减相关成本。与企业日常活动相关的政府补助，按照经济业务实质，计入其他收益或冲减相关成本费用；与企业日常活动无关的政府补助，计入营业外收入。

企业作为个人所得税的扣缴义务人，收到扣缴税款手续费时，按实际收到的金额直接计入其他收益。

生产、生活性服务业纳税人，实际缴纳增值税时，按应纳税额借记“应交税费——未交增值税”账户等，按实际纳税金额贷记“银行存款”账户，按加计抵减的金额贷记“其他收益”账户。

一般地，企业从各级人民政府财政部门及其他部门取得的应计入收入总额的财政性资金，同时符合相关条件要求的，可以作为不征税收入，在计算应纳税所得额时从收入总额中减除。这些条件要求主要包括：企业能够提供规定资金专项用途的资金拨付文件；财政部门或其他拨付资金的政府部门对该资金有专门的资金管理办法或具体管理要求；企业对该资金以及因该资金发生的支出单独进行核算等。与之相联系，不征税收入用于支出所形成的费用，以及用于支出所形成的资产的折旧、摊销，不得在计算应纳税所得额时扣除。

关于应纳税所得税额的计算原理，将在第九章说明。

---

① 生产、生活性服务业纳税人，是指提供邮政服务、电信服务、现代服务、生活服务（简称四项服务）取得的销售额占全部销售额的比重超过50%的纳税人。

第三节　营业外收支

一、营业外收入

营业外收入是指企业发生的除营业利润以外的收益，主要包括与企业日常活动无关的政府补助、盘盈利得、捐赠利得，以及没收包装物押金收入、罚款净收入等。但企业接受股东或股东的子公司直接或间接捐赠，实质上是股东对企业的资本性投入，一般应作为资本公积处理，不作为营业外收入。

例 8-4　20×1 年 12 月 28 日，甲公司接受非关联方现金捐赠 100 万元及原材料捐赠 113 万元。其中，接受捐赠原材料的专用发票上注明的价格为 100 万元，增值税为 13 万元。接受捐赠的现金已存入银行，接受捐赠的原材料已办理验收入库手续。根据相关原始凭证，进行如下会计处理：

借：银行存款	1 000 000	
原材料	1 000 000	
应交税费——应交增值税（进项税额）	130 000	
贷：营业外收入		2 130 000

二、营业外支出

营业外支出是指企业发生的除营业利润以外的支出，主要包括捐赠支出、非常损失、非流动资产毁损及报废损失等。其中，非流动资产毁损及报废损失通常包括因自然灾害发生毁损、已丧失使用功能等而报废清理产生的损失等。

例 8-5　甲公司为增值税一般纳税人，于 20×1 年 12 月 31 日以现金 500 万元及本公司生产的产品 4 000 件通过当地民政部门向某灾区捐赠，解决灾区急需物资问题。该批产品的生产成本为 1 700 万元，公允售价为 2 000 万元，该产品适用的增值税税率为 13%。捐赠手续已经办妥，货物已经发出并由相关部门验收确认。根据相关原始凭证及法律法规的规定①，进行如下会计处理：

借：营业外支出	24 600 000	
贷：库存商品		17 000 000
应交税费——应交增值税（销项税额）		2 600 000
银行存款		5 000 000

① 根据《中华人民共和国增值税暂行条例实施细则》的有关规定，视同销售货物缴纳增值税的行为包括：将货物交付他人代销；销售代销货物；设有两个以上机构并实行统一核算的纳税人，将其货物从一个机构移送其他机构用于销售，但相关机构设在同一县（市）的除外；将自产或者委托加工的货物用于非增值税应税项目；将自产、委托加工或购买的货物作为投资，提供给其他单位或个体经营者；将自产、委托加工或购买的货物分配给股东或投资者；将自产、委托加工的货物用于集体福利或个人消费；将自产、委托加工或购买的货物无偿赠送他人。

需要说明的是，固定资产、无形资产正常使用到期清理报废的会计处理与固定资产、无形资产处置完全相同，将其报废损益作为资产处置损益处理。但因自然灾害发生毁损、已丧失使用功能等而报废清理产生的损失，不属于正常损益，不应作为资产处置损益处理，而应作为营业外收入、营业外支出处理。

另外，一般纳税人发生下列项目的进项税额不得从销项税额中抵扣：(1) 非正常损失的购进货物，以及相关的加工、修理修配劳务和交通运输服务；(2) 非正常损失的在产品、产成品所耗用的购进货物（不包括固定资产），加工、修理修配劳务和交通运输服务；(3) 非正常损失的不动产，以及该不动产所耗用的购进货物、设计服务和建筑服务；(4) 非正常损失的不动产在建工程所耗用的购进货物、设计服务和建筑服务；(5) 国务院规定的其他项目。在发生此类业务或事项时，应将相应的增值税进项税额做进项税额转出[①]处理。

① “应交税费——应交增值税（进项税额转出）”账户记录一般纳税人购进货物，加工、修理修配劳务，服务，无形资产或不动产等发生非正常损失以及其他原因而不应从销项税额中抵扣、按规定转出的进项税额。

第三篇　利润及利润分配篇

第九章 利润总额、所得税费用及净利润

第一节　利润总额

一、利润总额的构成

（一）利润总额的构成项目及其关系

根据利润表关于利润构成的列示内容及其顺序可知，企业的利润总额及其构成项目如表9-1所示。

表9-1　利润总额及其构成项目　　单位：万元

利润总额构成项目	金额
一、营业收入	47 400
减：营业成本	37 500
税金及附加	500
销售费用	1 700
管理费用	1 950
研发费用	200
财务费用	400
其中：利息费用	420
利息收入	20
加：其他收益	0
投资收益（损失以“—”号填列）	100
其中：对联营企业和合营企业的投资收益	0
净敞口套期收益（损失以“—”号填列）	0
公允价值变动收益（损失以“—”号填列）	0
信用减值损失（损失以“—”号填列）	400
资产减值损失（损失以“—”号填列）	−150
资产处置收益（损失以“—”号填列）	700

续表

利润总额构成项目	金额
二、营业利润（亏损以"－"号填列）	6 200
加：营业外收入	
减：营业外支出	
三、利润总额（亏损总额以"－"号填列）	6 200

受所在地区会计准则具体要求不同的影响，有些国家或地区利润总额构成项目及其分类会略有不同，如百度（NASDAQ：BIDU）公布的利润总额及其构成情况如表9－2所示。

表9－2　利润总额及其构成　　单位：亿美元

项目	2019年	2018年	2017年	2016年
营业总收入	155.45	154.57	125.49	106.19
－营业成本	90.96	78.20	64.33	53.67
毛利	64.49	76.37	61.16	52.52
－销售管理及行政费用	55.36	52.90	37.94	37.40
－其他运营费用	—	—	—	—
计息税前利润	9.13	23.47	23.22	15.13
＋非经营收入（支出）	－3.52	20.79	10.76	8.83
－非经常性支出	—	—	—	0.37
－利息支出	4.28	2.85	2.39	1.74
税前净利润①	1.32	41.41	31.59	21.84

资料来源：http：//quotes.sina.com.cn/usstock/hq/income.php?s=bidu&t=annual.

本书仅根据我国会计报表的常用格式说明利润总额的构成项目。依表9－1可知：

毛利②＝营业收入－营业成本

营业利润＝毛利－税金及附加－销售费用－管理费用－研发费用－财务费用＋其他收益＋投资收益＋净敞口套期收益③＋公允价值变动收益－信用减值损失－资产减值损失＋资产处置收益

利润总额＝营业利润＋营业外收入－营业外支出

在构成利润总额的各项目中，除"营业收入"项目和"营业成本"项目分别以"主营业务收入""其他业务收入"账户和"主营业务成本""其他业务成本"账户进行核算，公允价值变动收益通过"公允价值变动损益"账户核算，毛利、营业利润一般不单独设置相

① 税前净利润，又称税前利润或利润总额。

② 截至目前，我国尚未要求单独列示毛利金额，但在进行相关分析时，需要自行计算。

③ 净敞口套期收益是指净敞口套期下被套期项目累计公允价值变动转入当期损益的金额或现金流量套期储备转入当期损益的金额。该项目在本书中不予涉及。

应的账户进行核算外，其他各项目在账户中大多与相应项目的名称相同（如管理费用）或近似（如“利润总额”项目一般通过“本年利润”账户核算）。

二、生成利润总额的会计处理方法

根据前述内容可知，通过影响利润总额的各个项目的金额即可计算出利润总额。但在账簿系统中，需要采用一定程序和方法将平时分散在相关账户中记录的主营业务收入、其他业务收入、主营业务成本、其他业务成本、税金及附加、销售费用、管理费用、研发费用、财务费用、其他收益、投资收益、公允价值变动收益、信用减值损失、资产减值损失、资产处置收益、营业外收入、营业外支出等通过利润账户进行归并，以生成利润总额。

生成利润总额的会计处理方法是：将收入及费用类账户借方净发生额（借方发生额减去该账户贷方发生额后的净额）[①] 转入“本年利润”账户借方，将收入及费用类账户贷方净发生额（贷方发生额减去该账户借方发生额后的净额）[②] 转入“本年利润”账户贷方，通过“本年利润”账户借方发生额及贷方发生额即可自动生成截至目前的本年利润总额。之所以命名为“本年利润”，是因为会计上需要与决算要求相适应，本年利润决算数就是本年数据，既不得从上年利润中结转到本年，也不得将本利润结转到下年。

假定某公司从 20×1 年 1 月 1 日开始经营，20×1 年 1 月份的收入和费用通过上述方法将影响利润总额的各项收入、费用归并到利润账户，即可得到本公司 20×1 年 1 月份的利润，将 2 月份发生的收入、费用结转到利润账户就可得到本公司 2 月份的利润，并通过利润账户反映 20×1 年截至 2 月末累计实现的利润总额。以此类推，到 20×1 年 12 月份，即可通过利润账户得到 12 月份的利润总额，并通过利润账户反映本公司 20×1 年全年累计实现的利润总额，即本年利润总额。

例 9－1　假定甲公司 20×1 年 1 月份相关账户的净发生额如下：

在借方记录的发生额账户：		在贷方记录的发生额账户：	
主营业务成本	160 000	主营业务收入	200 000
其他业务成本	20 000	其他业务收入	30 000
税金及附加	1 000	其他收益	10 000
销售费用	1 000	营业外收入	30 000
管理费用	1 000		
财务费用	1 000		
资产减值损失	5 000		
公允价值变动损益	10 000		
投资收益	6 000		
营业外支出	20 000		

① 例如，某月“投资收益”账户贷方发生额为 4 万元，借方发生额为 6 万元，则“投资收益”账户本月的借方净发生额为 2 万元。

② 例如，某月“资产减值损失”账户借方发生额为 10 万元，贷方发生额为 14 万元，则“资产减值损失”账户本月贷方净发生额为 4 万元。

根据以上账户数据，月末结转利润时做如下会计处理：

借：主营业务收入　　200 000
　　其他业务收入　　30 000
　　其他收益　　10 000
　　营业外收入　　30 000
　贷：本年利润——主营业务收入　　200 000
　　　　　　——其他业务收入　　30 000
　　　　　　——其他收益　　10 000
　　　　　　——营业外收入　　30 000

借：本年利润——主营业务成本　　160 000
　　　　　　——其他业务成本　　20 000
　　　　　　——税金及附加　　1 000
　　　　　　——销售费用　　1 000
　　　　　　——管理费用　　1 000
　　　　　　——财务费用　　1 000
　　　　　　——资产减值损失　　5 000
　　　　　　——公允价值变动损益　　10 000
　　　　　　——投资收益　　6 000
　　　　　　——营业外支出　　20 000
　贷：主营业务成本　　160 000
　　　其他业务成本　　20 000
　　　税金及附加　　1 000
　　　销售费用　　1 000
　　　管理费用　　1 000
　　　财务费用　　1 000
　　　资产减值损失　　5 000
　　　公允价值变动损益　　10 000
　　　投资收益　　6 000
　　　营业外支出　　20 000

上述处理过程一般称为各项收入、费用结转到利润的过程。经过上述结转，甲公司20×1年1月份“本年利润”账户贷方发生额为270 000元，借方发生额为225 000元，贷方余额为45 000元，即1月份利润总额为45 000元。结转后各项影响企业利润总额的收入及费用类账户无余额。

如果甲公司20×1年2月份进行收入、费用结转后得到2月份利润55 000元，则“本年利润”账户贷方余额为100 000元。如果甲公司20×1年3～12月份结转收入、费用后得到3～12月份的利润900 000元，则年末“本年利润”账户贷方余额为1 000 000元，即甲公司20×1年全年实现的利润总额为1 000 000元。

第二节 所得税费用及净利润

一、利润总额与所得额的关系

（一）利润总额

利润总额是企业对发生的经济业务依会计准则对相关收入和费用确认计量，并通过收入和费用结转得到的未扣除所得税费用的利润额，又称税前利润。

（二）所得额

所得额又称应纳税所得额，是指企业每一纳税年度的收入总额，减除不征税收入、免税收入、各项扣除以及允许弥补的以前年度亏损后的余额。

（三）利润总额与所得额的差异类型

尽管企业应纳税所得额的计算与利润总额的形成均采用权责发生制原则，但通过利润总额与企业应纳税所得额的内容构成可以看出，两者并不完全一致。应纳税所得额与利润总额的差异主要表现为以下几种情况：

（1）会计上未作为收入，但企业所得税法规定应作为收入。我国《企业所得税法实施条例》第25条规定：企业发生非货币性资产交换，以及将货物、财产、劳务用于捐赠、偿债、赞助、集资、广告、样品、职工福利或者利润分配等用途的，应当视同销售货物、转让财产或者提供劳务，但国务院财政、税务主管部门另有规定的除外①。如，企业将自产的产品对外捐赠，一般不符合收入确认条件，但所得税法要求应确认为收入，等等。

（2）会计上作为收入，但按所得税法规定应作为不征税收入或免税收入。例如，一个纳税年度内，居民企业技术转让所得不超过500万元的部分，免征企业所得税；超过500万元的部分，减半征收企业所得税；国债利息收入，符合条件的居民企业之间的股息、红利等权益性投资收益②作为免税收入；等等。

（3）会计上作为费用或支出，但所得税法规定不得税前扣除。例如，企业通过公益性社会组织（该组织应当依法取得公益性捐赠税前扣除资格）或者县级（含县级）以上人民

---

① 确认或不确认税收收入，应区分不同情况处理。一般地，企业发生下列情形的处置资产，除将资产转移至境外以外，可作为内部处置资产，不视同销售确认收入，相关资产的计税基础延续计算：（1）将资产用于生产、制造、加工另一产品；（2）改变资产形状、结构或性能；（3）改变资产用途（如将自建商品房转为自用或经营）；（4）将资产在总机构及其分支机构之间转移；（5）上述两种或两种以上情形的混合；（6）其他不改变资产所有权属的用途。

企业将资产移送他人的下列情形，应按规定视同销售确定收入：（1）用于市场推广或销售；（2）用于交际应酬；（3）用于职工奖励或福利；（4）用于股息分配；（5）用于对外捐赠；（6）其他改变资产所有权属的用途。

② 此处的股息、红利等权益性投资收益，不包括连续持有居民企业公开发行并上市流通的股票不足12个月取得的投资收益。

政府及其组成部门和直属机构，用于慈善活动、公益事业的捐赠支出，在年度利润总额12%以内的部分，准予在计算应纳税所得额时扣除；超过年度利润总额12%的部分，准予结转以后三年内在计算应纳税所得额时扣除。企业当年发生以及以前年度结转的公益性捐赠[①]支出，准予在当年税前扣除的部分，不能超过企业当年利润总额的12%[②]；罚金、罚款和被没收财物的损失，赞助支出等不得税前扣除；等等。

（4）会计上未作为费用或支出，但所得税法规定准予税前扣除。例如，企业开展研发活动中实际发生的研发费用，未形成无形资产计入当期损益的，在按规定据实扣除的基础上，按照本年度实际发生额的75%，从本年度应纳税所得额中扣除；形成无形资产的，按照无形资产成本的175%在税前摊销。又如，创业投资企业采取股权投资方式投资于未上市的中小高新技术企业两年以上的，可以按照其投资额的70%在股权持有满两年的当年抵扣该创业投资企业的应纳税所得额；当年不足抵扣的，可以在以后纳税年度结转抵扣；等等。

二、所得税费用的构成及核算

（一）所得税与所得税费用

在表9-1的基础上，利润总额与净利润的关系如表9-3所示。

表9-3 利润总额与净利润的数据关系 单位：万元

利润总额构成项目	金额
……	……
三、利润总额（亏损总额以“－”号填列）	6 200
减：所得税费用	1 550
四、净利润（净亏损以“－”号填列）[③]	4 650
（一）持续经营净利润（净亏损以“－”号填列）	4 650
（二）终止经营净利润（净亏损以“－”号填列）	
……	……

注：此表是表9-1的延续。

表9-3显示，年度利润总额扣除所得税费用后的余额即净利润，即：

利润总额－所得税费用＝净利润(税后利润)

所得税费用是会计概念，所得税是税法概念。两者的关系是：

---

① 公益性捐赠，是指企业通过公益性社会组织或者县级以上人民政府及其部门，用于符合法律规定的慈善活动、公益事业的捐赠。

② 企业发生的公益性捐赠支出未在当年税前扣除的部分，准予向以后年度结转扣除，但结转年限自捐赠发生年度的次年起计算最长不得超过三年。企业在对公益性捐赠支出计算扣除时，应先扣除以前年度结转的捐赠支出，再扣除当年发生的捐赠支出。

③《企业会计准则第42号——持有待售的非流动资产、处置组和终止经营》明确要求，企业应当在利润表中分别列示持续经营损益和终止经营损益。不符合终止经营定义的持有待售的非流动资产或处置组，其减值损失和转回金额及处置损益应当作为持续经营损益列报，终止经营的减值损失和转回金额等经营损益及处置损益应当作为终止经营损益列报。

所得税费用=当期所得税±所得税费用调整

其中：当期所得税，一般为按税法规定计算确定的年所得税，根据所得额和企业适用的所得税税率计算确定；所得税费用调整，是依据会计准则的相关规定和要求，根据资产和负债账面价值与按税法规定的计税基础的差异对所得税费用的影响所进行的调整。

由上述分析说明可知，当期所得税的计算依据是所得额而不是利润总额，所得税费用是在当期所得税基础上按照会计准则规定进行计算的结果。

在会计实务中，企业的当期所得税通过编制《企业所得税年度纳税申报表》的方式计算确定，并按照《企业会计准则第 18 号——所得税》的规定通过相关的递延所得税资产和递延所得税负债对所得税费用进行调整。

根据税款征收方法，《企业所得税年度纳税申报表》分为 A 类和 B 类。其中，A 类申报表由查账征收企业所得税纳税人填制，适用于采用查账征收方式的单位；B 类申报表由核定征收企业所得税纳税人填制，适用于采用核定征收方式的单位①。

会计实务中，企业应当按照月度或者季度的实际利润额预缴企业所得税。按照月度或者季度的实际利润额预缴企业所得税有困难的，可以按照上一纳税年度应纳税所得额的月度或者季度平均额预缴，或者按照经税务机关认可的其他方法预缴。企业所得税是分月预缴还是分季预缴，由税务机关具体核定。

本书仅就实行查账征收企业所得税的情况下，年度所得税的基本计算方法进行说明。

《企业所得税年度纳税申报表（A 表）》的基本格式如表 9-4 所示。

表 9-4 A100000 企业所得税年度纳税申报表（A 表）

行次	类别	项目	金额
1	利润总额计算	一、营业收入（填写 A101010\101020\103000）	
2		减：营业成本（填写 A102010\102020\103000）	
3		税金及附加	
4		销售费用（填写 A104000）	
5		管理费用（填写 A104000）	
6		财务费用（填写 A104000）	
7		资产减值损失	
8		加：公允价值变动收益	
9		投资收益	
10		二、营业利润（1－2－3－4－5－6－7＋8＋9）	
11		加：营业外收入（填写 A101010\101020\103000）	
12		减：营业外支出（填写 A102010\102020\103000）	
13		三、利润总额（10＋11－12）	

① 查账征收也称查账计征或自报查账，适用于账簿、凭证、财务核算制度比较健全，能够据以如实核算、反映生产经营成果，正确计算应纳税款的纳税人。核定征收是指由税务机关采用合理的方法依法核定纳税人应纳税款，主要适用于会计账簿不健全、资料残缺，难以准确核算收入、成本，或者由于其他原因难以准确计算应纳税款的纳税人。

续表

行次	类别	项目	金额
14	应纳税所得额计算	减：境外所得（填写 A108010）	
15		加：纳税调整增加额（填写 A105000）	
16		减：纳税调整减少额（填写 A105000）	
17		减：免税、减计收入及加计扣除（填写 A107010）	
18		加：境外应税所得抵减境内亏损（填写 A108000）	
19		四、纳税调整后所得（13－14＋15－16－17＋18）	
20		减：所得减免（填写 A107020）	
21		减：抵扣应纳税所得额（填写 A107030）	
22		减：弥补以前年度亏损（填写 A106000）	
23		五、应纳税所得额（19－20－21－22）	
24	应纳税额计算	税率（25%）	25.00%
25		六、应纳所得税额（23×24）	
26		减：减免所得税额（填写 A107040）	
27		减：抵免所得税额（填写 A107050）	
28		七、应纳税额（25－26－27）	
29		加：境外所得应纳所得税额（填写 A108000）	
30		减：境外所得抵免所得税额（填写 A108000）	
31		八、实际应纳所得税额（28＋29－30）	
32		减：本年累计实际已预缴的所得税额	
33		九、本年应补（退）所得税额（31－32）	
34		其中：总机构分摊本年应补（退）所得税额（填写 A109000）	
35		财政集中分配本年应补（退）所得税额（填写 A109000）	
36		总机构主体生产经营部门分摊本年应补（退）所得税额（填写 A109000）	
37	附列资料	以前年度多缴的所得税额在本年抵减额	
38		以前年度应缴未缴在本年入库所得税额	

表 9－4 中各项目标注的“填写 A10××××”，表示该项目的金额取自相关明细表的计算结果。如“营业收入”项目的金额，一般企业纳税人根据《一般企业收入明细表》（A101010）填报，金融企业纳税人根据《金融企业收入明细表》（A101020）填报，实行事业单位会计准则或民间非营利组织会计制度的纳税人根据《事业单位、民间非营利组织收入、支出明细表》（A103000）填报。

《一般企业收入明细表》（A101010）的基本格式如表 9－5 所示。

表 9-5　A101010　一般企业收入明细表

行次	项目	金额
1	一、营业收入（2+9）	
2	（一）主营业务收入（3+5+6+7+8）	
3	1. 销售商品收入	
4	其中：非货币性资产交换收入	
5	2. 提供劳务收入	
6	3. 建造合同收入	
7	4. 让渡资产使用权收入	
8	5. 其他	
9	（二）其他业务收入（10+12+13+14+15）	
10	1. 销售材料收入	
11	其中：非货币性资产交换收入	
12	2. 出租固定资产收入	
13	3. 出租无形资产收入	
14	4. 出租包装物和商品收入	
15	5. 其他	
16	二、营业外收入（17+18+19+20+21+22+23+24+25+26）	
17	（一）非流动资产处置利得	
18	（二）非货币性资产交换利得	
19	（三）债务重组利得	
20	（四）政府补助利得	
21	（五）盘盈利得	
22	（六）捐赠利得	
23	（七）罚没利得	
24	（八）确实无法偿付的应付款项	
25	（九）汇兑收益	
26	（十）其他	

表 9-5 中的具体项目会因相关制度（如会计制度、税法及相关实施条例等）的变化而适时调整、补充。

（二）当期应交所得税

在企业利润总额的基础上，经过相关项目的调整得到纳税调整后所得、应纳税所得额、应纳所得税额、应纳税额。

企业计算确定实际应纳所得税额后，应根据相关原始凭证，借记“所得税费用”账户，贷记“应交税费——应交所得税”账户。

下面举例说明企业弥补以前年度亏损和将利润总额调整为应纳税所得额并计算应纳所得税的基本原理。

1. 弥补以前年度亏损

我国《公司法》规定，企业在汇总计算缴纳企业所得税[①]时，其境外营业机构的亏损不得抵减境内营业机构的盈利。企业纳税年度发生的亏损，准予向以后年度结转，用以后年度的所得弥补，但结转年限最长不得超过5年。高新技术企业和科技型中小企业亏损结转年限由5年延长至10年。

需要特别说明的是，税法规定的纳税年度发生的亏损是指企业依照《企业所得税法》及其实施条例的规定将每一纳税年度的收入总额减除不征税收入、免税收入和各项扣除后小于零的数额，也就是当年的应纳税所得额为负数的金额，并不是会计利润为负数的金额。

会计实务中，企业通过《企业所得税弥补亏损明细表》进行亏损弥补的申报，其一般格式如表9－6所示。

表9－6　A106000　企业所得税弥补亏损明细表

行次	项目	年度	纳税调整后所得额	合并、分立转入（转出）可弥补亏损额	当年可弥补的亏损额	以前年度亏损已弥补额					本年度实际弥补的以前年度亏损额	可结转以后年度弥补的亏损额
						前四年度	前三年度	前二年度	前一年度	合计		
		1	2	3	4	5	6	7	8	9	10	11
1	前五年度	20×1										*
2	前四年度	20×2				×						
3	前三年度	20×3				×	×					
4	前二年度	20×4				×	×	×				
5	前一年度	20×5				×	×	×	×	×		
6	本年度	20×6				×	×	×	×	×		
7	可结转以后年度弥补的亏损额合计											

例9－2　假定某公司适用的所得税税率为25%，公司不存在减免、抵免所得税额和境外所得税额等情况，该公司适用的税前亏损弥补期限为5年。该公司20×1年到20×7年各年应纳税所得额及各年应纳所得税额计算如表9－7所示。

① 我国《企业所得税法》明确规定，居民企业在中国境内设立不具有法人资格的营业机构的，应当汇总计算并缴纳企业所得税。

表 9-7　税前亏损弥补及应纳所得税额计算表　　单位：万元

项目	20×1	20×2	20×3	20×4	20×5	20×6	20×7
应税所得	−150	−30	20	70	40	−10	55
150万元亏损待弥补		−150	−130	−60	−20	−20	×
30万元亏损待弥补			−30	−30	−30	−30	−30
10万元亏损待弥补						−10	−10
应纳税所得额							15
应纳所得税额	0	0	0	0	0	0	15×25%=3.75

2. 将利润总额调整为应纳税所得额并计算应纳所得税额

例 9-3　S公司20×1年利润表中的利润总额为2 500万元，公司适用的所得税税率为25%。该公司不存在所得税减免、弥补以前年度亏损、抵扣应纳税所得额，以及减免、抵免所得税额和境外所得税额等情况。20×1年该公司与应纳税所得额相关的调整事项有：

(1) 20×1年12月开始使用的管理用固定资产，成本为1 200万元，使用年限为10年，净残值为零，会计上采用双倍余额递减法计提折旧，税法上按直线法计提折旧。税法认定的该固定资产成本、使用年限和净残值与会计规定完全一致。

(2) 向关联企业捐赠现金500万元。税法规定企业向其关联企业的捐赠不得税前扣除。

(3) 20×1年发生的研究开发支出总计1 000万元，会计上将其中600万元资本化计入了无形资产成本，并于期末达到预计可使用状态。按税法规定，公司当年发生的研究开发费用可按实际发生额的175%扣除，形成无形资产的按其摊销额的175%扣除。

(4) 20×1年年末对持有的存货计提了60万元的存货跌价准备。税法规定计提的减值准备不得税前扣除。

(5) 因违反环境保护的有关规定于20×1年支付罚款200万元。税法规定，支付的罚款不得税前扣除。

(6) 20×1年以现金支付的公益性捐赠为400万元，税法规定，企业当年发生以及以前年度结转的公益性捐赠支出，准予在当年税前扣除的部分不能超过企业当年年度利润总额的12%。假定公司不存在以前年度应结转20×1年度税前扣除的捐赠支出。

(7) 20×1年的销售收入为2 000万元，当年实际发生业务招待费40万元。税法规定，企业发生的与生产经营活动有关的业务招待费支出按照发生额的60%扣除，但最高不得超过当年销售（营业）收入的5‰。

(8) 20×1年确认的国债利息收入为210万元。税法规定，国债利息收入属于免税收入。

根据上述资料，S公司将利润总额调整为应纳税所得额的思路如下：

事项（1）：2 500+240−120=2 620（万元）

事项（2）：2 620+500=3 120（万元）

事项（3）：3 120−400×75%=2 820（万元）

事项（4）：2 820＋60＝2 880（万元）

事项（5）：2 880＋200＝3 080（万元）

事项（6）：3 080＋(400－300[①])＝3 180（万元）

事项（7）：3 180＋(40－10[②])＝3 210（万元）

事项（8）：3 210－210＝3 000（万元）

根据应纳税所得额，S公司计算当年应纳所得税为750（3 000×25%）万元。根据相关原始凭证，进行如下会计处理：

借：所得税费用	7 500 000	
贷：应交税费——应交所得税		7 500 000

（三）所得税费用调整[③]

本书第二章已述及，作为会计初学者，可以将资产负债观简单理解为：基于目前现实，同时考虑已经发生的业务、事项对未来的影响。

按《企业所得税法》及其实施条例的规定，企业以货币形式和非货币形式从各种来源取得的收入纳入企业年度收入总额，并减除不征税收入、免税收入、各项扣除以及允许弥补的以前年度亏损后的余额，作为应纳税所得额。企业实际发生的与取得收入有关的、合理的支出，包括成本、费用、税金、损失和其他支出，准予在计算应纳税所得额时扣除。企业的各项资产，包括固定资产、生物资产、无形资产、长期待摊费用、投资资产、存货等，以历史成本为计税基础。企业持有各项资产期间，资产发生增值或者减值，除国务院财政、税务主管部门规定可以确认损益外，不得调整该资产的计税基础。历史成本，是指企业取得该项资产时实际发生的支出。

可以看出，资产转让后可在税前扣除的成本不是资产的账面价值，而是依照《企业所得税法》及其实施条例的规定确定的计税基础。于是，因资产账面价值与计税基础之间的差异而对未来所得税的影响，应在会计中予以确认。下面以交易性金融资产为例予以说明。

例9-4　承例9-3，20×1年1月5日，S公司购入交易性金融资产，其成本为60万元。20×1年12月31日，该交易性金融资产公允价值为100万元。S公司20×1年记录的该交易性金融资产的公允价值变动损益（收益）为40万元，并构成利润的组成部分。根据《企业所得税法》及其实施条例的相关规定，该收益40万元不计入企业收入总额缴纳企业所得税。

在该例中，资产负债表中列示的“交易性金融资产”项目为100万元，表示交易性金融资产的未来经济利益流入为100万元。未来经济利益流入100万元，未来就会有40万

① 税法允许的当年最大扣除额为300(2 500×12%）万元。假如当年实际发生的公益性捐赠为200万元，则税前扣除金额为200万元。

② 税前可扣除24(40×60%）万元，但不超过10(2 000×5‰）万元。假如当年实际发生的业务招待费为10万元，则税前扣除金额为6(10×60%）万元。

③ 本部分仅为让大家理解：会计报表中的所得税费用不一定等于企业当年应缴纳的所得税。其详细内容在本课程中不要求掌握。

元的收益需要作为应纳税所得额计算缴纳企业所得税，假定该公司未来适用的所得税税率仍为25%，则未来40万元的收益应缴纳10万元的所得税。会计上需要反映未来10万元的纳税义务和与公允价值变动收益40万元相匹配的10万元所得税费用，即确认10万元的所得税费用和10万元的递延所得税负债。S公司应根据相关原始凭证，于20×1年12月31日做如下会计处理：

借：所得税费用　　100 000

　贷：递延所得税负债　　100 000

综上，S公司20×1年利润表中的所得税费用为760（750＋10）万元，净利润为1 740（2 500—760）万元。

会计报表中的递延所得税资产、递延所得税负债，大多产生于因资产、负债账面价值与计税基础不同而按规定所确认的递延所得税资产和递延所得税负债。

三、净利润

净利润又称税后利润或税后净利润，是指利润总额扣除所得税费用后的余额。

会计上通过将所得税费用结转到“本年利润”账户的方式，由“本年利润”账户生成企业的净利润。

例9-5　承例9-3和例9-4中的资料，20×1年12月31日，S公司在结转所得税费用前的“本年利润”账户贷方余额为2 500万元，表示该公司当年的利润总额为2 500万元；“所得税费用”账户的借方余额为760万元。将“所得税费用”账户余额结转至“本年利润”账户，做如下会计处理：

借：本年利润　　7 600 000

　贷：所得税费用　　7 600 000

通过该处理，“所得税费用”账户无余额，“本年利润”账户贷方余额为1 740万元，表示S公司20×1年实现的税后净利润为1 740万元。

第十章 利润分配及亏损弥补

第一节 利润分配

一、利润分配的内容和顺序

公司税后利润应按规定的程序进行利润分配。我国《公司法》明确规定，公司分配当年税后利润时，应当提取利润的10%列入公司法定盈余公积。公司法定盈余公积累计额为公司注册资本的50%以上的，可以不再提取。公司的法定盈余公积不足以弥补以前年度亏损的，在提取法定盈余公积之前，应当先用当年利润弥补亏损。公司从税后利润中提取法定盈余公积后，经股东会或者股东大会决议，还可以从税后利润中提取任意盈余公积。盈余公积可以用于弥补公司的亏损或者转增公司资本（股本），但法定盈余公积转为资本时，所留存的法定盈余公积不得少于转增前公司注册资本的25%。

公司弥补亏损和提取公积金后所余税后利润，有限责任公司依照相关规定①进行分配，股份有限公司按照股东持有的股份比例分配（但股份有限公司章程规定不按持股比例分配的除外）。公司股东持有的本公司股份不得分配利润。

需要补充说明的是，盈余公积和资本公积的使用是不同的。

本书第四章已述及，股份有限公司以超过股票票面金额的发行价格发行股份所得的溢价款以及国务院财政部门规定列入资本公积的其他收入，应当列为公司的资本公积。资本公积和盈余公积都可用于转增资本（或股本）②，盈余公积可以用于弥补公司的亏损，但资本公积不得用于弥补公司的亏损。

通过上述说明可知，弥补公司亏损后的税后利润分配内容和顺序是：先弥补公司未弥补的亏损，再提取盈余公积，然后向股东分配利润。

提取的盈余公积包括法定盈余公积和任意盈余公积。法定盈余公积依《公司法》的规定进行提取，任意盈余公积按公司章程的规定进行提取。

向股东分配的利润既可以包括公司累积未分配的利润，也可以包括当年提取盈余公积

---

① 股东按照实缴的出资比例分取红利；公司新增资本时，股东有权优先按照实缴的出资比例认缴出资。但是，全体股东约定不按照出资比例分取红利或者不按照出资比例优先认缴出资的除外。

② 就上市公司而言，转增股本一般称为“转股”。

后的税后利润。一般情况下，公司某年度可向股东分配的利润，可用下列公式计算：

$$\text{某年度可向股东分配的利润}=\text{年初可供分配利润}+\text{当年税后利润}-\text{当年提取的盈余公积}$$

存在优先股的企业，一般先向优先股股东分配，再向普通股股东分配。分配税后利润的形式主要是现金股利（利润）和股票股利[①]。本书主要针对一般企业现金股利（利润）的分配予以说明。

二、利润分配的核算

会计上，为了分别反映企业当年实现的净利润及当年利润的分配情况，需要设置“本年利润”账户和“利润分配”账户。“本年利润”账户反映企业当年实现的净利润，“利润分配”账户反映企业当年的利润分配及亏损弥补情况。当年实现的净利润扣除当年实际分配的利润，为当年的未分配利润，即：

当年的未分配利润＝当年利润净额－当年利润分配

当年年末的未分配利润余额＝年初(上年末)未分配利润余额＋当年的未分配利润

需要说明的是，受传统会计处理习惯的影响，我国会计系统中的未分配利润是通过“利润分配”明细账进行核算的，即“未分配利润”作为“利润分配”的一个明细项目。实务工作中，完全可以将“未分配利润”作为一个科目使用。为便于了解会计实务的习惯做法，本书仍将“未分配利润”作为“利润分配”的明细账户使用。除“未分配利润”外，“利润分配”的各明细账户及其核算内容如下：

（1）其他转入。该明细账户用以核算以盈余公积弥补亏损。

（2）提取法定盈余公积。该明细账户用以核算按《公司法》的规定提取的法定盈余公积。

（3）提取任意盈余公积。该明细账户用以核算按公司章程的规定提取的法定盈余公积。

（4）应付优先股股息。该明细账户用以核算按规定应支付的优先股股息。

（5）应付普通股股利。该明细账户用以核算企业应支付的普通股股利。

（6）应付利润。该明细账户用以核算企业应向股东支付的利润。

（7）转作股本的普通股股利。该明细账户用以核算企业发放的股票股利。

下面举例说明企业提取盈余公积和向股东分配现金利润的核算方法。

例 10-1 假定甲公司 20×0 年末“利润分配——未分配利润”账户借方余额为 400 万元，20×1 年税后利润为 5 400 万元。公司法定盈余公积未达到公司注册资本的 50%，20×1 年，该公司应按弥补亏损后的净利润的 10% 计提，并按公司章程确定的比例（10%）提取任意盈余公积。20×1 年公司股东大会批准的利润分配方案是：按累计可供分配利润的 40% 发放现金利润（股利）。根据相关原始凭证，进行如下会计处理：

提取的法定盈余公积＝(5 400－400)×10%＝500（万元）

---

① 就上市公司而言，股票股利一般称为“送股”或“送红股”。

提取的任意盈余公积＝(5 400－400)×10％＝500（万元）

向股东分配的现金利润＝(5 400－400－500－500)×40％＝1 600（万元）

借：利润分配——提取法定盈余公积　　5 000 000

　贷：盈余公积——法定盈余公积　　5 000 000

借：利润分配——提取任意盈余公积　　5 000 000

　贷：盈余公积——任意盈余公积　　5 000 000

借：利润分配——应付利润（应付普通股股利）　　16 000 000

　贷：应付利润（应付股利）　　16 000 000

第二节　亏损弥补

一、亏损弥补的种类和方式

税法视角的经营亏损有两种弥补方法：一是在规定的期限内以税前所得予以弥补；二是超过规定弥补期限的，以税后利润予以弥补。

某一年度，在利润总额一定的情况下，税前弥补亏损和税后弥补亏损核算的主要差异是当期所得税金额不同，从而导致税后利润净额不同。当期所得税金额不同，会导致当年净利润不同。

净利润扣除当年分配的利润即表现为当年产生的未分配利润；税后利润弥补以前年度亏损，实际上是以当年产生的未分配利润弥补以前年度累积下来的未弥补亏损。

本章已述及，企业应按照《公司法》和公司章程的规定按照弥补以前年度亏损后的净利润的一定比例提取法定盈余公积和任意盈余公积。盈余公积的用途之一就是弥补企业的亏损。

因此，在会计上，弥补亏损的途径只有两种：一是以当年的利润弥补（包括税前弥补和税后弥补）；二是以盈余公积弥补。弥补亏损方案和利润分配方案一般由公司董事会制定，报经股东大会批准后实施。

二、亏损弥补的核算

在会计核算上，以当年的利润弥补亏损一般无须进行专门的会计处理，因为以前年度亏损反映为“利润分配——未分配利润”账户的借方余额，本年度产生的未分配利润通过年终利润结算转入“利润分配——未分配利润”账户中，这样会在“利润分配——未分配利润”该账户中自动进行弥补。

以盈余公积弥补亏损时，体现了建立盈余公积的“以丰补欠”基本原则，相当于将以前年度提取的盈余公积作为弥补亏损的来源，并通过“利润分配——其他转入”账户予以反映，即借记“盈余公积”账户，贷记“利润分配——其他转入”账户。

例 10-2　假定某公司经股东大会批准，以盈余公积 2 000 万元弥补公司的亏损。根据相关原始凭证，做如下会计处理：

借：盈余公积　　20 000 000

　贷：利润分配——其他转入　　20 000 000

第三节　年终利润结转

一、年终利润结转的目的和作用

在我国实行以公历年制为会计分期的情况下，为了对企业持续经营期间的财务状况和经营成果分会计期间进行反映和报告，应对截至年末的企业财务状况、经营成果及现金流量等情况进行结算，或称决算。换句话说，下一年度开始，应以本年末财务状况为基础，各项收入、费用、利润等以“0”为起点记录下一年度的各项收入、费用、利润及利润分配情况，不能将本年利润、本年利润分配等情况带入下年度。即使由于会计政策变更或发现当年会计差错等原因，需要调整当年收入、费用、利润等数据，也不能因为当年已经决算无法改变相关报表数据，而作为下年度的收入、费用、利润等进行反映，只能通过下年度所有者权益期初数的调整予以报告（如所有者权益变动表中的“会计政策变更”“前期差错更正”等项目），以清晰反映各年度收入、费用、利润及其分配的具体情况。

为实现上述目的，需要对本年利润和本年利润分配进行“清零”处理，即进行年终利润结转。

二、年终利润结转的基本方法

根据上述分析可知，进行年终利润结转就是要将当年实现的净利润（亏损）和当年进行的利润分配（亏损弥补）集中结转到“利润分配——未分配利润”账户中，通过“利润分配——未分配利润”账户集中反映企业自成立日起至本年末止的累计未分配利润（或未弥补亏损）情况。具体处理方法是：

借（或贷记）：本年利润

　贷（或借记）：利润分配——未分配利润

借：利润分配——未分配利润

　贷：利润分配——提取法定盈余公积

　　　　　　　——提取任意盈余公积

　　　　　　　——应付优先股股息

　　　　　　　——应付普通股股利

　　　　　　　——应付利润

　　　　　　　——转作股本的普通股股利

借：利润分配——其他转入

　　贷：利润分配——未分配利润

结转后，“本年利润”账户及“利润分配”各明细账户（除“未分配利润”明细账户以外）均无余额。

例10-3 承例10-1中的数据，甲公司20×0年“利润分配——未分配利润”账户借方余额为400万元，20×1年税后利润为5 400万元。20×1年，该公司提取了法定盈余公积和任意盈余公积各500万元，向投资者分配现金利润1 600万元，无其他形式的利润分配。该公司20×1年进行年终利润结转的相关会计处理如下：

借：本年利润	54 000 000	
贷：利润分配——未分配利润		54 000 000
借：利润分配——未分配利润	26 000 000	
贷：利润分配——提取法定盈余公积		5 000 000
——提取任意盈余公积		5 000 000
——应付利润		16 000 000

结转后，甲公司20×1年“本年利润”账户及“利润分配”账户下的“提取法定盈余公积”“提取任意盈余公积”“应付利润”明细账户均无余额。20×1年结转到“利润分配——未分配利润”账户贷方的金额为2 800（5 400－2 600）万元。年终利润结转后，甲公司“利润分配——未分配利润”账户的贷方余额为2 400（2 800－400）万元，表示甲公司自公司成立日起至20×1年年末止累计未分配利润为2 400万元。

第四篇　会计报表篇

第十一章 会计报表编制与分析

第一节　会计报表的列报要求

一、会计报表及其构成

会计报表（又称财务报表）是对企业财务状况、经营成果和现金流量的结构性表述，至少应当包括资产负债表、利润表、现金流量表、所有者权益（或股东权益）变动表和附注。

在实际工作中，根据企业编报会计报表的范围、时期要求等，企业会计报表可以分为个别会计报表、合并会计报表，以及年度会计报表和中期会计报表等。本书仅就个别会计报表编报的基本内容进行说明。

个别会计报表的基本格式见表 11－1～表 11－4①。

表 11－1　资产负债表

会企 01 表

编制单位：A 公司　　　　20×1 年 12 月 31 日　　　　单位：万元

资产	期末余额	上年年末余额	负债和所有者权益（或股东权益）	期末余额	上年年末余额
流动资产：			流动负债：		
货币资金	3 250	2 100	短期借款	2 400	2 500
交易性金融资产	2 500	900	交易性金融负债	1 200	
衍生金融资产			衍生金融负债		
应收票据	350		应付票据	400	
应收账款	4 000	3 060	应付账款	4 000	3 600
应收款项融资			预收款项	1 950	650
预付款项	1 250	440	合同负债		
其他应收款	650		应付职工薪酬	800	800

① 本章所列报表与第二章所列报表相同。为便于对照本章内容学习理解，并体会与最初接触报表时相比在报表理解方面的变化，本章重复列出第二章的四张报表。

续表

资产	期末余额	上年年末余额	负债和所有者权益（或股东权益）	期末余额	上年年末余额
存货	9 000	11 000	应交税费	700	600
合同资产			其他应付款	2 450	2 000
持有待售资产			持有待售负债		
一年内到期的非流动资产			一年内到期的非流动负债		
其他流动资产	500	600	其他流动负债	450	350
流动资产合计	21 500	18 100	流动负债合计	14 350	10 500
非流动资产：			非流动负债：		
债权投资	2 000		长期借款	2 400	1 500
其他债权投资			应付债券	3 500	1 000
长期应收款			其中：优先股		
长期股权投资			永续债		
其他权益工具投资	900	700	租赁负债		
其他非流动金融资产			长期应付款		
投资性房地产			预计负债	100	
固定资产	15 800	12 000	递延收益		
在建工程	1 200	1 000	递延所得税负债	700	1 000
生产性生物资产			其他非流动负债		
油气资产			非流动负债合计	6 700	3 500
使用权资产			负债合计	21 050	14 000
无形资产	900	800	所有者权益（或股东权益）：		
开发支出			实收资本（或股本）	10 000	10 000
商誉			其他权益工具		
长期待摊费用			其中：优先股		
递延所得税资产		100	永续债		
其他非流动资产			资本公积	6 700	6 700
非流动资产合计	20 800	14 600	减：库存股		
			其他综合收益	150	
			专项储备		
			盈余公积	1 300	300
			未分配利润	3 100	1 700
			所有者权益（或股东权益）合计	21 250	18 700
资产总计	42 300	32 700	负债和所有者权益（或股东权益）总计	42 300	32 700

表 11-2　利润表

会企 02 表

编制单位：A 公司　　　　20×1 年 1 月 1 日—20×1 年 12 月 31 日　　　　单位：万元

项目	本期金额	上期金额（略）
一、营业收入	47 400	
减：营业成本	37 500	
税金及附加	500	
销售费用	1 700	
管理费用	1 950	
研发费用	200	
财务费用	400	
其中：利息费用	420	
利息收入	20	
加：其他收益		
投资收益（损失以“—”号填列）	100	
其中：对联营企业和合营企业的投资收益		
以摊余成本计量的金融资产终止确认收益（损失以“—”号填列）		
净敞口套期收益（损失以“—”号填列）		
公允价值变动收益（损失以“—”号填列）		
信用减值损失（损失以“—”号填列）	400	
资产减值损失（损失以“—”号填列）	−150	
资产处置收益（损失以“—”号填列）	700	
二、营业利润（亏损以“—”号填列）	6 200	
加：营业外收入	0	
减：营业外支出	0	
三、利润总额（亏损总额以“—”号填列）	6 200	
减：所得税费用	1 550	
四、净利润（净亏损以“—”号填列）	4 650	
（一）持续经营净利润（净亏损以“—”号填列）	4 650	
（二）终止经营净利润（净亏损以“—”号填列）		
五、其他综合收益的税后净额	150	
（一）不能重分类进损益的其他综合收益	150	
1. 重新计量设定受益计划变动额		
2. 权益法下不能转损益的其他综合收益		
3. 其他权益工具投资公允价值变动	150	
4. 企业自身信用风险公允价值变动		
……		

续表

项目	本期金额	上期金额（略）
（二）将重分类进损益的其他综合收益		
1. 权益法下可转损益的其他综合收益		
2. 其他债权投资公允价值变动		
3. 金融资产重分类计入其他综合收益的金额		
4. 其他债权投资信用减值准备		
5. 现金流量套期储备		
6. 外币财务报表折算差额		
……		
六、综合收益总额	4 800	
七、每股收益		
（一）基本每股收益	0.465	
（二）稀释每股收益	0.465	

表 11-3　现金流量表

20×1 年 1 月 1 日至 20×1 年 12 月 31 日

会企 03 表

编制单位：A 公司

单位：万元

项目	本期金额	上期金额（略）
一、经营活动产生的现金流量：		
销售商品、提供劳务收到的现金	45 000	
收到的税费返还		
收到其他与经营活动有关的现金		
经营活动现金流入小计	45 000	
购买商品、接受劳务支付的现金	36 600	
支付给职工以及为职工支付的现金	4 500	
支付的各项税费	1 775	
支付其他与经营活动有关的现金		
经营活动现金流出小计	42 875	
经营活动产生的现金流量净额	2 125	
二、投资活动产生的现金流量：		
收回投资收到的现金		
取得投资收益收到的现金		
处置固定资产、无形资产和其他长期资产收回的现金净额		
处置子公司及其他营业单位收到的现金净额		
收到其他与投资活动有关的现金		
投资活动现金流入小计		

续表

项目	本期金额	上期金额（略）
购建固定资产、无形资产和其他长期资产支付的现金	225	
投资支付的现金		
取得子公司及其他营业单位支付的现金净额		
支付其他与投资活动有关的现金		
投资活动现金流出小计	225	
投资活动产生的现金流量净额	−225	
三、筹资活动产生的现金流量：		
吸收投资收到的现金		
取得借款收到的现金		
收到其他与筹资活动有关的现金		
筹资活动现金流入小计		
偿还债务支付的现金	750	
分配股利、利润或偿付利息支付的现金		
支付其他与筹资活动有关的现金		
筹资活动现金流出小计	750	
筹资活动产生的现金流量净额	−750	
四、汇率变动对现金及现金等价物的影响		
五、现金及现金等价物净增加额	1 150	
加：期初现金及现金等价物余额	2 100	
六、期末现金及现金等价物余额	3 250	

二、会计报表列报的总体要求

按照《企业会计准则第 30 号——财务报表列报》的相关规定，企业财务报表列报应达到的基本要求主要包括以下 12 项内容：

（1）企业应当以持续经营为基础，根据实际发生的交易和事项，按照会计准则的规定进行确认和计量，在此基础上编制财务报表。企业不应以附注披露代替会计确认和计量，不恰当的确认和计量也不得通过充分披露相关会计政策的方式进行纠正。如果按照会计准则规定披露的信息不足以让报表使用者了解特定交易或事项对企业财务状况和经营成果的影响，则企业还应当披露其他的必要信息。

（2）在编制财务报表的过程中，企业管理层应当利用所有可获得信息来评价企业自报告期末起至少 12 个月的持续经营能力。评价时需要考虑宏观政策风险，市场经营风险，

表 11－4　所有者权益变动表

会企 04 表

编制单位：A 公司　　20×1 年 1 月 1 日至 20×1 年 12 月 31 日　　单位：万元

项目	本年金额											上年金额（略）
	实收资本（或股本）	其他权益工具			资本公积	减：库存股	其他综合收益	专项储备	盈余公积	未分配利润	所有者权益合计	
		优先股	永续债	其他								
一、上年年末余额	10 000				4 000				300	1 700	16 000	
加：会计政策变更												
前期差错更正												
其他					2 700						2 700	
二、本年年初余额	10 000				6 700				300	1 700	18 700	
三、本年增减变动金额（减少以“－”号填列）												
（一）综合收益总额							150			4 650	4 800	
（二）所有者投入和减少资本												
1. 所有者投入的普通股												
2. 其他权益工具持有者投入资本												
3. 股份支付计入所有者权益的金额												
4. 其他												
（三）利润分配												
1. 提取盈余公积									1 000	－1 000		
2. 对所有者（或股东）的分配										－2 250	－2 250	
3. 其他												
（四）所有者权益内部结转												
1. 资本公积转增资本（或股本）												

续表

项目	本年金额											上年金额（略）
	实收资本（或股本）	其他权益工具			资本公积	减：库存股	其他综合收益	专项储备	盈余公积	未分配利润	所有者权益合计	
		优先股	永续债	其他								
2. 盈余公积转增资本（或股本）												
3. 盈余公积弥补亏损												
4. 设定受益计划变动额结转留存收益												
5. 其他综合收益结转留存收益												
6. 其他												
四、本年年末余额	10 000				6 700		150		1 300	3 100	21 250	

企业目前或长期的盈利能力、偿债能力、财务弹性①，以及企业管理层改变经营政策的意向等因素。评价结果表明对持续经营能力产生重大怀疑的，企业应当在附注中披露导致对持续经营能力产生重大怀疑的因素以及企业拟采取的改善措施等。

（3）企业如有近期获利经营的历史且有财务资源支持，则通常表明以持续经营为基础编制财务报表是合理的。企业正式决定或被迫在当期或将在下一个会计期间进行清算或停止营业的，则表明以持续经营为基础编制财务报表不再合理。在这种情况下，企业应当采用其他基础编制财务报表，并在附注中声明财务报表未以持续经营为基础编制的事实，披露未以持续经营为基础编制的原因和财务报表的编制基础。

（4）除现金流量表按照收付实现制原则编制外，企业应当按照权责发生制原则编制财务报表。

（5）除《企业会计准则》要求改变财务报表项目的列报，以及企业经营业务的性质发生重大变化或对企业经营影响较大的交易或事项发生后，变更财务报表项目的列报能够提供更可靠、更相关的会计信息外，财务报表项目的列报应当在各个会计期间保持一致，不得随意变更。

（6）性质或功能不同的项目，应当在财务报表中单独列报，但不具有重要性的项目除外。性质或功能类似的项目，其所属类别具有重要性的，应当按其类别在财务报表中单独列报。某些项目的重要性程度不足以在资产负债表、利润表、现金流量表或所有者权益变动表中单独列示，但对附注具有重要性，则应当在附注中单独披露。

（7）重要性，是指在合理预期下，若财务报表某项目的省略或错报会影响使用者据此做出经济决策，则该项目具有重要性。重要性应当根据企业所处的具体环境，从项目的性质和金额两方面予以判断，且对各项目重要性的判断标准一经确定，不得随意变更。判断项目性质的重要性，应当考虑该项目在性质上是否属于企业日常活动，是否显著影响企业的财务状况、经营成果和现金流量等因素；判断项目金额的重要性，应当考虑该项目金额占资产总额、负债总额、所有者权益总额、营业收入总额、营业成本总额、净利润、综合收益总额等直接相关项目金额的比重或所属报表单列项目金额的比重。

（8）财务报表中的资产项目和负债项目的金额、收入项目和费用项目的金额、直接计入当期利润的利得项目和损失项目的金额不得相互抵销，但其他会计准则另有规定的除外。一组类似交易形成的利得和损失应当以净额列示，但具有重要性的除外。资产或负债项目按扣除备抵项目后的净额列示不属于抵销。非日常活动产生的利得和损失以同一交易形成的收益扣除相关费用后的净额列示更能反映交易实质的，也不属于抵销。

（9）当期财务报表的列报至少应当提供所有列报项目上一个可比会计期间的比较数据，以及与理解当期财务报表相关的说明，但其他会计准则另有规定的除外。财务报表的列报项目发生变更的，应当至少对可比期间的数据按照当期的列报要求进行调整，并在附注中披露调整的原因和性质，以及调整的各项目金额。对可比数据进行调整不切实可行

① 财务弹性（financial flexibility）也称财务适应能力，是指企业适应经济环境变化和利用投资机会进行投资的能力。一般指企业动用闲置资金偿还剩余负债、应对紧急情况、把握投资机会的能力，筹资及投资活动对环境变化的适用程度及进行灵活性调整等能力。通常通过经营现金流量与支付要求（指投资需求或承诺支付等）进行比较对企业的财务弹性进行衡量，如现金股利保障倍数、经营活动现金流量占全部现金流量的比例等。

的，应当在附注中披露不能调整的原因。不切实可行，是指企业在做出所有合理努力后仍然无法遵循某项会计准则的规定。

（10）企业应当在财务报表的显著位置至少披露编报企业的名称、资产负债表日或财务报表涵盖的会计期间、人民币金额单位，财务报表是合并财务报表的，应当予以标明。

（11）企业至少应当按年编制财务报表。年度财务报表涵盖的期间短于一年的，应当披露年度财务报表的涵盖期间、短于一年的原因以及报表数据不具可比性的事实。

（12）按规定需要在财务报表中单独列报的项目，应当单独列报。其他会计准则规定单独列报的项目，应当增加单独列报项目。

三、资产负债表的列报要求

（一）资产和负债应当分别流动资产和非流动资产、流动负债和非流动负债列示

（1）金融企业等销售产品或提供服务不具有明显可识别营业周期的企业，其各项资产或负债按照流动性列示能够提供可靠且更相关信息的，可以按照其流动性顺序列示。从事多种经营的企业，其部分资产或负债按照流动性和非流动性列报，其他部分资产或负债按照流动性列示能够提供可靠且更相关信息的，可以采用混合的列报方式。

（2）对于同时包含资产负债表日后一年内（含一年，下同）和一年之后预期将收回或清偿金额的资产和负债单列项目，企业应当披露超过一年后预期收回或清偿的金额。

（二）流动资产应具备的条件

满足下列条件之一的，应当归类为流动资产：

（1）预计在一个正常营业周期中变现、出售或耗用。

（2）主要为交易目的而持有。

（3）预计在资产负债表日起一年内变现。

（4）自资产负债表日起一年内，交换其他资产或清偿负债的能力不受限制的现金或现金等价物。

其中，正常营业周期，是指企业从购买用于加工的资产起至实现现金或现金等价物的期间。正常营业周期通常短于一年。因生产周期较长等导致正常营业周期长于一年的，尽管相关资产往往超过一年才变现、出售或耗用，但仍应划分为流动资产。正常营业周期不能确定的，应当以一年（12 个月）作为正常营业周期。

（三）非流动资产的范围

流动资产以外的资产应当归类为非流动资产，应按其性质分类列示。被划分为持有待售的非流动资产应当归类为流动资产。

（四）流动负债应具备的条件

负债满足下列条件之一的，应当归类为流动负债：

（1）预计在一个正常营业周期中清偿。

（2）主要为交易目的而持有。

（3）自资产负债表日起一年内到期应予以清偿。

（4）企业无权自主地将清偿推迟至资产负债表日后一年以上。

企业对资产和负债进行流动性分类时，应当采用相同的正常营业周期。企业正常营业周期中的经营性负债项目即使在资产负债表日后超过一年才予以清偿的，也应当划分为流动负债。经营性负债项目包括应付账款、应付职工薪酬等，这些项目属于企业正常营业周期中使用的营运资金的一部分。

（五）非流动负债的范围

流动负债以外的负债应当归类为非流动负债，应当按其性质分类列示。被划分为持有待售的非流动负债应当归类为流动负债。

（六）流动负债展期的流动性和非流动性归属

在资产负债表日起一年内到期的负债，企业有意图且有能力自主地将清偿义务展期至资产负债表日后一年以上的，应当归类为非流动负债；不能自主地将清偿义务展期的，即使在资产负债表日后、财务报告批准报出日前签订了重新安排清偿计划协议，该项负债也应当归类为流动负债。

（七）非流动负债转为流动负债的条件

企业在资产负债表日或之前违反了长期借款协议，导致贷款人可随时要求清偿的负债，应当归类为流动负债。贷款人在资产负债表日或之前同意提供在资产负债表日后一年以上的宽限期，在此期限内企业能够改正违约行为，且贷款人不能要求随时清偿的，该项负债应当归类为非流动负债。其他长期负债存在类似情况的，照此处理。

（八）需要单独列示的资产类项目

资产负债表中的资产类至少应当按统一要求单独列示相关项目的信息。例如，货币资金、交易性金融资产、应收票据、应收账款、预付账款、存货、合同资产、持有待售资产、债权投资、其他债权投资、长期应收款、长期股权投资、其他权益工具投资、投资性房地产、固定资产、生物资产、使用权资产、无形资产、开发支出、递延所得税资产等。

（九）分别列示流动资产合计和非流动资产合计

资产负债表中的资产类项目至少应当包括流动资产合计和非流动资产合计，按照企业的经营性质不切实可行的除外。

（十）需要单独列示的负债类项目

资产负债表中的负债类至少应当按统一要求单独列示相关项目的信息。例如，短期借款、交易性金融负债、应付票据、应付账款、预收款项、合同负债、应付职工薪酬、应交税费、持有待售负债、长期借款、应付债券、租赁负债、长期应付款、预计负债、递延所得税负债等。

（十一）分别列示流动负债合计、非流动负债合计和负债合计

资产负债表中的负债类项目至少应当包括流动负债合计、非流动负债合计和负债合计，按照企业的经营性质不切实可行的除外。

（十二）需要单独列示的所有者权益项目

资产负债表中的所有者权益类项目至少应当按统一要求单独列示相关信息。例如，实收资本（或股本）、资本公积、盈余公积、未分配利润等。

（十三）需要列示所有者权益项目合计

资产负债表中的所有者权益类项目应当包括所有者权益合计。

（十四）需要列示资产总计、负债和所有者权益总计的平衡关系

资产负债表应当列示资产总计项目、负债和所有者权益总计项目。

四、利润表的列报要求

（一）费用按功能分类

企业在利润表中应当对费用按照功能分类，分为从事经营业务发生的成本、管理费用、研发费用、销售费用和财务费用等。

（二）需要单独列示的项目

利润表至少应当按照报表格式要求单独列示相关项目的信息。例如，营业收入、营业成本、税金及附加、管理费用、研发费用、销售费用、财务费用、其他收益、投资收益、公允价值变动损益、信用减值损失、资产减值损失、资产处置收益、营业外收入、营业外支出、所得税费用、净利润、其他综合收益税后净额、综合收益总额等。

（三）反映综合收益总额

综合收益是指企业在某一期间除与所有者以其所有者身份进行的交易之外的其他交易或事项所引起的所有者权益变动。综合收益总额项目反映净利润和其他综合收益扣除所得税影响后的净额相加后的合计金额。

（四）其他综合收益项目需按其能否重分类进损益予以分项反映

其他综合收益，是指企业根据相关会计准则的规定未在当期损益中确认的各项利得和损失。其他综合收益项目应当根据相关会计准则的规定分为以后会计期间不能重分类进损

益的其他综合收益项目和以后会计期间在满足规定条件时将重分类进损益的其他综合收益项目。其中：

（1）以后会计期间不能重分类进损益的其他综合收益项目，主要包括重新计量设定受益计划变动额、其他权益工具投资公允价值变动、权益法下不能转损益的其他综合收益等。

（2）以后会计期间在满足规定条件时将重分类进损益的其他综合收益项目，主要包括权益法下可转损益的其他综合收益、其他债权投资公允价值变动、金融资产重分类计入其他综合收益的金额、现金流量套期储备、外币财务报表折算差额等。

五、现金流量表的列报要求

现金流量表应当分别经营活动、投资活动和筹资活动列报现金流量。除按要求可以净额列示的特殊情况[①]外，现金流量应当分别按照现金流入和现金流出总额列报。自然灾害损失、保险索赔等特殊项目，应当根据其性质，分别归并到经营活动、投资活动和筹资活动现金流量类别中单独列报。外币现金流量以及境外子公司的现金流量，应当采用现金流量发生日的即期汇率或按照系统合理的方法确定的、与现金流量发生日即期汇率近似的汇率折算。汇率变动对现金的影响额应当作为调节项目，在现金流量表中单独列报。

（一）经营活动现金流量的列报

企业应当采用直接法列示经营活动产生的现金流量。经营活动，是指企业投资活动和筹资活动以外的所有交易和事项。直接法是指通过现金收入和现金支出的主要类别列示经营活动的现金流量。有关经营活动现金流量的信息，可以通过企业的会计记录或根据有关项目[②]对利润表中的营业收入、营业成本以及其他项目进行调整后获得。

经营活动产生的现金流量至少应当单独列示反映的项目包括：销售商品、提供劳务收到的现金；收到的税费返还；收到其他与经营活动有关的现金；购买商品、接受劳务支付的现金；支付给职工以及为职工支付的现金；支付的各项税费；支付其他与经营活动有关的现金。

金融企业可以根据行业特点和现金流量实际情况合理确定经营活动现金流量项目的类别。

（二）投资活动现金流量的列报

投资活动是指企业长期资产的购建和不包括在现金等价物范围的投资及其处置活动。

---

① 如代客户收取或支付的现金；周转快、金额大、期限短项目的现金流入和现金流出；金融企业的有关项目，包括短期贷款本金的发放与收回、活期存款的吸收与支付、存放同业款项的存取、向其他金融企业拆借资金以及证券的买入与卖出等。

② 例如，当期存货及经营性应收和应付项目的变动，固定资产折旧、无形资产摊销、计提信用减值、计提资产减值等其他非现金项目，属于投资活动或筹资活动现金流量的其他非现金项目等。

投资活动产生的现金流量至少应当单独列示的项目包括：收回投资收到的现金；取得投资收益收到的现金；处置固定资产、无形资产和其他长期资产收回的现金净额；处置子公司及其他营业单位收到的现金净额；收到其他与投资活动有关的现金；购建固定资产、无形资产和其他长期资产支付的现金；投资支付的现金；取得子公司及其他营业单位支付的现金净额；支付其他与投资活动有关的现金。

（三）筹资活动现金流量的列报

筹资活动，是指导致企业资本及债务规模和构成发生变化的活动。

筹资活动产生的现金流量至少应当单独列示项目包括：吸收投资收到的现金；取得借款收到的现金；收到其他与筹资活动有关的现金；偿还债务支付的现金；分配股利、利润或偿付利息支付的现金；支付其他与筹资活动有关的现金。

六、所有者权益变动表的列报要求

（一）按所有者权益的构成分项列示

所有者权益变动表应当反映构成所有者权益的各组成部分当期的增减变动情况。综合收益和与所有者（或股东）的资本交易导致的所有者权益的变动，应分别列示。其中，与所有者的资本交易，是指企业与所有者以其所有者身份进行的、导致企业所有者权益发生变动的交易。

（二）需要单独列示的项目

所有者权益变动表至少应当按照要求单独列示相关项目的信息，如综合收益总额、会计政策变更和前期差错更正的累计影响金额、所有者投入资本和向所有者分配利润、按照规定提取的盈余公积、所有者权益各组成部分的期初和期末余额及其调节情况等。

七、附注的列示要求

附注是对在资产负债表、利润表、现金流量表和所有者权益变动表等报表中列示项目的文字描述或明细资料，以及对未能在这些报表中列示项目的说明等。

（一）基本要求

附注应当披露财务报表的编制基础，相关信息应当与资产负债表、利润表、现金流量表和所有者权益变动表等报表中列示的项目相互参照。

（二）需要披露的相关信息

附注一般应当按照下列顺序和信息披露：

（1）企业的基本情况。具体包括：企业注册地、组织形式和总部地址，企业的业务性质和主要经营活动，母公司以及集团最终母公司的名称，财务报告的批准报出者和财务报告批准报出日或者签字人及其签字日期。营业期限有限的企业还应当披露有关其营业期限的信息。

（2）财务报表的编制基础。

（3）遵循企业会计准则的声明。企业应当声明编制的财务报表符合企业会计准则的要求，真实、完整地反映了企业的财务状况、经营成果和现金流量等有关信息。

（4）重要会计政策和会计估计。重要会计政策的说明，包括财务报表项目的计量基础和在运用会计政策过程中所做的重要判断等。重要会计估计的说明，包括可能导致下一个会计期间内资产、负债账面价值发生重大调整的会计估计的确定依据等。企业应当披露采用的重要会计政策和会计估计，并结合企业的具体实际披露其重要会计政策的确定依据和财务报表项目的计量基础，以及会计估计所采用的关键假设和不确定因素。

（5）会计政策和会计估计变更以及差错更正的说明。企业应当按照《企业会计准则第28号——会计政策、会计估计变更和差错更正》的规定，披露会计政策和会计估计变更以及差错更正的情况。

（6）报表重要项目的说明。企业应当按照资产负债表、利润表、现金流量表、所有者权益变动表及其项目列示的顺序，对报表重要项目的说明采用文字和数字描述相结合的方式进行披露。报表重要项目的明细金额合计，应当与报表项目金额相衔接。企业应当在附注中披露费用按照性质分类的利润表补充资料，可将费用分为耗用的原材料、职工薪酬费用、折旧费和摊销费用等。其一般格式如表11-5所示。

表11-5 费用按性质分类的利润表补充资料

项目	本期金额	上期金额
耗用的原材料		
产成品及产品存货变动		
职工薪酬费用		
折旧费和摊销费用		
非流动资产减值损失		
支付的租金		
财务费用		
其他费用		
……		
合计		

（7）或有和承诺事项、资产负债表日后非调整事项、关联方关系及其交易等需要说明的事项。

（8）有助于财务报表使用者评价企业管理资本的目标、政策及程序的信息。

（三）披露与其他综合收益相关的信息

企业应当在附注中披露下列关于其他综合收益各项目的信息：

（1）其他综合收益各项目及其对所得税的影响。

（2）其他综合收益各项目原计入其他综合收益、当期转出计入当期损益的金额。

（3）其他综合收益各项目的期初和期末余额及其调节情况。

披露的以上信息可通过表格反映，如表 11-6、表 11-7 所示。

表 11-6　其他综合收益各项目及其对所得税的影响和转入损益情况

项目	本期发生额			上期发生额		
	税前金额	所得税	税后金额	税前金额	所得税	税后金额
一、以后不能重分类进损益的其他综合收益						
1. 重新计量设定受益计划变动额						
2. 权益法下不能转损益的其他综合收益						
3. 其他权益工具投资公允价值变动						
4. 企业自身信用风险公允价值变动						
……						
二、以后将重分类进损益的其他综合收益						
1. 权益法下可转损益的其他综合收益						
减：前期计入其他综合收益当期转入损益						
小计						
2. 其他债权投资公允价值变动						
减：前期计入其他综合收益当期转入损益						
小计						
3. 金融资产重分类计入其他综合收益的金额						
减：前期计入其他综合收益当期转入损益						
小计						
4. 现金流量套期储备						
减：前期计入其他综合收益当期转入损益 转为被套期项目初始确认金额的调整						
小计						
5. 外币财务报表折算差额						
减：前期计入其他综合收益当期转入损益						
小计						
……						
三、其他综合收益合计						

表 11-7　其他综合收益各项目的调节情况

项目	重新计量设定受益计划变动	权益法下不能转损益的其他综合收益	其他权益工具投资公允价值变动	企业自身信用风险公允价值变动	权益法下可转损益的其他综合收益	其他债权投资公允价值变动	金融资产重分类计入其他综合收益的金额	现金流量套期储备	外币财务报表折合差额	……	其他综合收益合计
一、上年年初余额											
二、上年增减变动金额（减少以“—”号填列）											
三、本年年初余额											
四、本年增减变动金额（减少以“—”号填列）											
五、本年年末金额											

（四）披露与终止经营相关的信息

企业应当在附注中披露终止经营的收入、费用、利润总额、所得税费用和净利润，以及终止经营利润。终止经营是指满足下列条件之一的、已被企业处置或被企业划归为持有待售的、在经营和编制财务报表时能够单独区分的组成部分：

（1）该组成部分代表一项独立的主要业务或一个主要经营地区。

（2）该组成部分是拟对一项独立的主要业务或一个主要经营地区进行处置计划的一部分。

（3）该组成部分仅仅是为了再出售而取得的子公司，同时满足下列条件的企业组成部分（或非流动资产）应当确认为持有待售：该组成部分必须在当前状况下仅根据出售此类组成部分的惯常条款即可立即出售；企业已经就处置该组成部分做出决议，如按规定需得到股东批准的，应当已经取得股东大会或相应权力机构的批准；企业已经与受让方签订了不可撤销的转让协议；该项转让将在一年内完成。

（五）日后事项的披露

企业应当在附注中披露在资产负债表日后、财务报告批准报出日前提议或宣布发放的股利总额和每股股利金额（或向投资者分配的利润总额）。

（六）现金流量表的补充信息

（1）企业应当在附注中披露将净利润调节为经营活动现金流量的信息。企业至少应当单独披露对净利润进行调节的项目。这些项目包括资产减值准备，固定资产折旧、油气资产折耗、生产性生物资产折旧，无形资产摊销，长期待摊费用摊销，处置固定资产、无形资产和其他长期资产的损益、固定资产报废损益、公允价值变动损益、财务费用、投资损益、递延所得税资产和递延所得税负债、存货、经营性应收项目、经营性应付项目等。现金流量表补充资料的一般格式如表 11－8 所示。

表 11－8　现金流量表补充资料

项目	本期金额	上期金额
1. 将净利润调节为经营活动现金流量：		
净利润		
加：资产减值准备		
固定资产折旧、油气资产折耗、生产性生物资产折旧		
使用权资产摊销		
无形资产摊销		
长期待摊费用摊销		
处置固定资产、无形资产和其他长期资产的损失（收益以“－”号填列）		
固定资产报废损失（收益以“－”号填列）		
公允价值变动损失（收益以“－”号填列）		
财务费用（收益以“－”号填列）		
投资损失（收益以“－”号填列）		
递延所得税资产减少（增加以“－”号填列）		
递延所得税负债增加（减少以“－”号填列）		
存货的减少（增加以“－”号填列）		
经营性应收项目的减少（增加以“－”号填列）		
经营性应付项目的增加（减少以“－”号填列）		
其他		
经营活动产生的现金流量净额		
2. 不涉及现金收支的重大投资和筹资活动：		
债务转为资本		
一年内到期的可转换公司债券		
固定资产租赁		
3. 现金及现金等价物净变动情况：		
现金的期末余额		
减：现金的期初余额		
加：现金等价物的期末余额		
减：现金等价物的期初余额		
现金及现金等价物净增加额		

（2）取得或处置子公司的信息。企业应当在附注中以总额披露当期取得或处置子公司及其他营业单位的信息，包括取得或处置价格、取得或处置价格中以现金支付的部分、取

得或处置子公司及其他营业单位收到的现金、取得或处置子公司及其他营业单位按照主要类别分类的非现金资产和负债。

（3）企业应当在附注中披露不涉及当期现金收支但影响企业财务状况或在未来可能影响企业现金流量的重大投资和筹资活动。

（4）企业应当在附注中披露与现金和现金等价物有关的信息，包括现金和现金等价物的构成及其在资产负债表中的相应金额、企业持有但不能使用的大额现金和现金等价物金额。

（七）非经常性损益

为保证上市公司、拟首次公开发行股票并上市的公司和其他公开发行证券的公司的财务信息披露质量，中国证券监督管理委员会要求企业编报财务报告时应按照规定披露非经常性损益[①]。

第二节　会计报表编制

一、会计报表编制方法概要

会计报表应按照列报要求进行编制，一般地，会计报表均采用对比数据方式进行列报，也就是在报告本期数的同时，要对照列出上期或上年同期的可比数据，以便于报表使用者分析使用。

会计报表编制是通过各报表项目的填列完成的，在填列会计报表本期各项目的数据时，除个别项目需要根据报表数据关系进行汇总计算外，会计报表中的多数项目依据相关账簿记录进行填列。例如，除资产负债表中的“流动资产合计”“非流动资产合计”“资产总计”“流动负债合计”“非流动负债合计”“负债合计”“所有者权益（或股东权益）合计”“负债和所有者权益（或股东权益）总计”项目，利润表中的“营业利润”“利润总额”“综合收益总额”，现金流量表中“经营活动现金流入小计”“经营活动现金流出小计”“经营活动产生的现金流量净额”“投资活动现金流入小计”“投资活动现金流出小计”“投资活动产生的现金流量净额”“筹资活动现金流入小计”“筹资活动现金流出小计”“筹资活动产生的现金流量净额”“现金及现金等价物净增加额”“期末现金及现金等价物余额”等项目，以及所有者权益变动表中的“本年年初余额”“本年年末余额”等项目需要按照报表项目的钩稽关系计算填列外，其他项目大多根据相关账户余额、发生额等直接填列或分析计算以后填列，如“存货”项目需要根据存货构成及核算存货的各相关账户的余额情况分析计算填列，“营业收入”需要根据“主营业务收入”“其他业务收入”等反映企业营

① 非经常性损益是指与公司正常经营业务无直接关系，以及虽与正常经营业务相关，但由于其性质特殊和偶发性，影响报表使用者对公司经营业绩和盈利能力做出正常判断的各项交易和事项产生的损益。

业收入的各相关账户单独发生额汇总计算填列等。

下面按主要报表种类概要说明报表主要项目的一般填列方法，并重点说明以权责发生制为编制基础的资产负债表、利润表和所有者权益变动表主要项目的填列方法。

二、资产负债表主要项目的填列

资产负债表反映的是企业期末资产、负债和所有者权各项目的余额，因此资产负债表各项目数据除按照报表项目进行类别汇总合计的金额外，均来自各相关账户的期末余额。多数项目通常情况下可根据资产、负债及所有者权益相关账户的余额直接填列，如“交易性金融资产”“其他债权投资”“其他权益工具投资”“递延所得税资产”“短期借款”“应交税费”“长期借款”“应付债券”“递延所得税负债”“实收资本（或股本）”“资本公积”“盈余公积”“未分配利润”“专项储备”等；但对于以成本与可变现净值孰低法计量、成本与可收回金额孰低法计量的资产，以摊余成本计量的金融资产，以及需要以总括性内容或按报表列报要求需要进行项目重分类，但分别以不同账户进行核算的相关资产、负债或所有者权益项目，需要按照一定方法分析计算以后填入资产负债表相关项目中。主要项目及账户余额归类列举如下：

（1）“货币资金”项目：反映资产负债表日企业持有的货币资金余额。根据“库存现金”、“银行存款”和“其他货币资金”账户的余额之和填列。

（2）“交易性金融资产”项目：反映资产负债表日企业分类为以公允价值计量且其变动计入当期损益的金融资产，以及企业持有的指定为以公允价值计量且其变动计入当期损益的金融资产的期末账面价值。根据“交易性金融资产”账户的相关明细账户的期末余额分析填列。自资产负债表日起超过一年到期且预期持有超过一年的以公允价值计量且其变动计入当期损益的非流动金融资产的期末账面价值，在“其他非流动金融资产”项目反映。

（3）“应收票据”项目：反映资产负债表日以摊余成本计量的、企业因销售商品和提供服务等收到的商业汇票，包括银行承兑汇票和商业承兑汇票。根据“应收票据”账户的期末余额，减去“坏账准备”账户中相关坏账准备期末余额后的金额分析填列。

（4）“应收账款”项目：反映资产负债表日以摊余成本计量的、企业因销售商品和提供服务等经营活动应收取的款项。根据“应收账款”账户的期末余额，减去“坏账准备”账户中相关坏账准备期末余额后的金额分析填列。

（5）“应收款项融资”项目：反映资产负债表日以公允价值计量且其变动计入其他综合收益的应收票据和应收账款等。根据“应收款项融资”账户期末余额填列。

（6）“其他应收款”项目：应根据“应收利息”、“应收股利”和“其他应收款”账户的期末余额合计数，减去“坏账准备”账户中相关坏账准备期末余额后的金额填列。其中，“应收利息”仅反映相关金融工具已到期可收取但于资产负债表日尚未收到的利息。基于实际利率法计提的金融工具的利息应包含在相应金融工具的账面余额中（如债权投资等）。

（7）“持有待售资产”项目：反映资产负债表日划分为持有待售类别的非流动资产及划分为持有待售类别的处置组中的流动资产和非流动资产的期末账面价值。根据“持有待售资产”账户的期末余额，减去“持有待售资产减值准备”账户的期末余额后的金额填列。

（8）“一年内到期的非流动资产”项目：通常反映预计自资产负债表日起一年内变现的非流动资产。对于按照相关会计准则采用折旧（或摊销、折耗）方法进行后续计量的固定资产、使用权资产、无形资产和长期待摊费用等非流动资产，折旧（或摊销、折耗）年限（或期限）只剩一年或不足一年的，或预计在一年内（含一年）进行折旧（或摊销、折耗）的部分，不得归类为流动资产，仍在各该非流动资产项目中填列，不转入“一年内到期的非流动资产”项目。

（9）“债权投资”项目：反映资产负债表日企业以摊余成本计量的长期债权投资的期末账面价值。根据“债权投资”账户的相关明细账户期末余额，减去“债权投资减值准备”账户中相关减值准备的期末余额后的金额分析填列。自资产负债表日起一年内到期的长期债权投资的期末账面价值，在“一年内到期的非流动资产”项目反映。企业购入的以摊余成本计量的一年内到期的债权投资的期末账面价值，在“其他流动资产”项目反映。

（10）“其他债权投资”项目：反映资产负债表日企业分类为以公允价值计量且其变动计入其他综合收益的长期债权投资的期末账面价值。根据“其他债权投资”账户的相关明细账户的期末余额分析填列。自资产负债表日起一年内到期的长期债权投资的期末账面价值，在“一年内到期的非流动资产”项目反映。企业购入的以公允价值计量且其变动计入其他综合收益的一年内到期的债权投资的期末账面价值，在“其他流动资产”项目反映。

（11）“其他权益工具投资”项目：反映资产负债表日企业指定为以公允价值计量且其变动计入其他综合收益的非交易性权益工具投资的期末账面价值。根据“其他权益工具投资”账户的期末余额填列。

（12）“固定资产”项目：反映资产负债表日企业固定资产的期末账面价值和企业尚未清理完毕的固定资产清理净损益。根据“固定资产”账户的期末余额减去“累计折旧”和“固定资产减值准备”账户的期末余额，以及“固定资产清理”账户的期末余额后的金额填列。

（13）“在建工程”项目：反映资产负债表日企业尚未达到预定可使用状态的在建工程的期末账面价值和企业为在建工程准备的各种物资的期末账面价值。根据“在建工程”账户的期末余额，减去“在建工程减值准备”账户的期末余额后的金额，以及“工程物资”账户的期末余额，减去“工程物资减值准备”账户的期末余额后的金额填列。

（14）“使用权资产”项目：反映资产负债表日承租企业持有的使用权资产的期末账面价值。根据“使用权资产”账户的期末余额，减去“使用权资产累计折旧”和“使用权资产减值准备”账户的期末余额后的金额填列。

（15）“交易性金融负债”项目：反映资产负债表日企业承担的交易性金融负债，以及企业持有的指定为以公允价值计量且其变动计入当期损益的金融负债的期末账面价值。根据“交易性金融负债”账户的相关明细账户的期末余额填列。

（16）“应付票据”项目：反映资产负债表日以摊余成本计量的，企业因购买材料、商品和接受服务等开出、承兑的商业汇票，包括银行承兑汇票和商业承兑汇票。根据“应付票据”账户的期末余额填列。

（17）“应付账款”项目：反映资产负债表日以摊余成本计量的，企业因购买材料、商品和接受服务等经营活动应支付的款项。根据“应付账款”和“预付账款”账户所属的相关明细账户的期末贷方余额合计数填列。

（18）“应付职工薪酬”项目：企业应当根据应支付的职工薪酬负债流动性，对职工薪酬负债按照流动和非流动进行分类列报。短期薪酬、离职后福利中的设定提存计划负债、其他长期职工福利中的符合设定提存计划条件的负债、辞退福利中将于资产负债表日后十二个月内支付的部分，在资产负债表的流动负债项下“应付职工薪酬”项目中填列。辞退福利中将于资产负债表日起十二个月之后支付的部分、离职后福利中设定受益计划净负债、其他长期职工福利中符合设定受益计划条件的净负债，应当在资产负债表的非流动负债项目中填列。

（19）“其他应付款”项目：应根据“应付利息”、“应付股利”和“其他应付款”账户的期末余额合计数填列。其中，“应付利息”仅反映相关金融工具已到期应支付但于资产负债表日尚未支付的利息。基于实际利率法计提的金融工具的利息应包含在相应金融工具的账面余额中（如应付债券等）。

（20）“持有待售负债”项目：反映资产负债表日处置组中与划分为持有待售类别的资产直接相关的负债的期末账面价值。根据“持有待售负债”账户的期末余额填列。

（21）“租赁负债”项目：反映资产负债表日承租企业尚未支付的租赁付款额的期末账面价值。根据“租赁负债”账户的期末余额填列。自资产负债表日起一年内到期应予以清偿的租赁负债的期末账面价值，在“一年内到期的非流动负债”项目反映。

（22）“长期应付款”项目：反映资产负债表日企业除长期借款和应付债券以外的其他各种长期应付款项的期末账面价值。根据“长期应付款”账户的期末余额，减去相关的“未确认融资费用”账户的期末余额后的金额，以及“专项应付款”账户的期末余额填列。

（23）“递延收益”项目：反映资产负债表日未确认收入或者收益的政府补助。其中摊销期限只剩一年或不足一年的，或预计在一年内（含一年）进行摊销的部分，不得归类为流动负债，仍在该项目中填列，不转入“一年内到期的非流动负债”项目。

（24）“合同资产”和“合同负债”项目：反映资产负债表日根据企业履行履约义务与客户付款之间的关系在资产负债表中列示的合同资产或合同负债。根据“合同资产”账户、“合同负债”账户的相关明细账户的期末余额分析填列，同一合同下的合同资产和合同负债应当以净额列示，其中净额为借方余额的，应当根据其流动性在“合同资产”或“其他非流动资产”项目中填列，已计提减值准备的，还应减去“合同资产减值准备”账户中相关的期末余额后的金额填列。其中，净额为贷方余额的，应当根据其流动性在“合同负债”或“其他非流动负债”项目中填列。

同一合同下的合同资产和合同负债应当以净额列示，企业（如建筑施工企业等）也可以设置“合同结算”账户（或其他类似账户），以核算同一合同下属于在某一时段内履行履约义务涉及与客户结算对价的合同资产或合同负债，并在此账户下设置“合同结算——价款结算”账户反映定期与客户进行结算的金额，设置“合同结算——收入结转”账户反映按履约进度结转的收入金额。资产负债表日，“合同结算”账户的期末余额在借方的，根据其流动性在“合同资产”或“其他非流动资产”项目中填列；期末余额在贷方的，根据其流动性在“合同负债”或“其他非流动负债”项目中填列。

（25）企业根据相关规定确认为资产的合同取得成本，根据“合同取得成本”账户的明细账户初始确认时摊销期限是否超过一年或一个正常营业周期，在“其他流动资产”或“其他非流动资产”项目中填列，已计提减值准备的，还应减去“合同取得成本减值准备”账户中相关的期末余额后的金额填列。

（26）企业根据相关规定确认为资产的合同履约成本，根据“合同履约成本”账户的相关明细账户初始确认时摊销期限是否超过一年或一个正常营业周期，在“存货”或“其他非流动资产”项目中填列，已计提减值准备的，还应减去“合同履约成本减值准备”账户中相关的期末余额后的金额填列。

（27）企业根据相关规定确认为资产的应收退货成本，根据“应收退货成本”账户是否在一年或一个正常营业周期内出售，在“其他流动资产”或“其他非流动资产”项目中填列。

（28）企业根据相关规定确认为预计负债的应付退货款，根据“预计负债”账户下的“应付退货款”明细账户是否在一年或一个正常营业周期内清偿，在“其他流动负债”或“预计负债”项目中填列。

（29）企业根据相关规定对贷款承诺、财务担保合同等项目计提的损失准备，应当在“预计负债”项目中填列。

（30）“其他权益工具”项目：反映资产负债表日企业发行在外的除普通股以外分类为权益工具的金融工具的期末账面价值。对于资产负债表日企业发行的金融工具，分类为金融负债的，应在“应付债券”项目中填列，对于优先股和永续债，还应在“应付债券”项目下的“优先股”和“永续债”项目中分别填列；分类为权益工具的，应在“其他权益工具”项目中填列，对于优先股和永续债，还应在“其他权益工具”项目下的“优先股”和“永续债”项目中分别填列。

三、利润表主要项目的填列

利润表反映的是企业一段时期内的收入、费用、利润及其他综合收益等情况。因此，利润表各项目数据除按照报表项目进行类别汇总合计的金额外，均来自各相关账户的本期发生额。多数项目通常情况下可根据相关账户的发生额直接填列，如税金及附加、销售费用、信用减值损失、资产减值损失、营业外收入、营业外支出、所得税费用、其他综合收益等。需要以总括性内容（如营业收入、营业成本等）反映或需要结合其他因素（如股本等）进行计算后列报的项目（如基本每股收益、稀释每股收益等），需要按照一定方法计算后填列。主要项目的填列方法列举如下：

（1）“营业收入”项目：根据“主营业务收入”和“其他业务收入”账户的发生额合计填列。

（2）“营业成本”项目：根据“主营业务成本”和“其他业务支出”账户的发生额合计填列。

（3）“研发费用”项目：反映企业进行研究与开发过程中发生的费用化支出，以及计入管理费用的自行开发无形资产的摊销。根据“管理费用”账户下的“研究费用”明细账户的发生额，以及“管理费用”账户下的“无形资产摊销”明细账户的发生额分析填列。

（4）“财务费用”项目下的“利息费用”项目：反映企业为筹集生产经营所需资金等而发生的应予以费用化的利息支出。根据“财务费用”账户的相关明细账户的发生额分析填列。该项目作为“财务费用”项目的其中项，以正数填列。

（5）“财务费用”项目下的“利息收入”项目：反映企业按照相关会计准则确认的应冲减财务费用的利息收入。根据“财务费用”账户的相关明细账户的发生额分析填列。该项目作为“财务费用”项目的其中项，以正数填列。

（6）“其他收益”项目：反映计入其他收益的政府补助，以及其他与日常活动相关且计入其他收益的项目。该项目应根据“其他收益”账户的发生额分析填列。企业作为个人所得税的扣缴义务人，按规定收到的扣缴税款手续费，应作为其他与日常活动相关的收益在该项目中填列。

（7）“以摊余成本计量的金融资产终止确认收益”项目：反映企业因转让等情形导致终止确认以摊余成本计量的金融资产而产生的利得或损失。根据“投资收益”账户的相关明细账户的发生额分析填列；如为损失，以“—”号填列。

（8）“信用减值损失”项目：反映企业计提各项金融资产信用减值准备所确认的信用损失。根据“信用减值损失”账户的发生额分析填列。

（9）“资产减值损失”项目：反映企业计提的除金融资产信用减值准备以外的各项资产减值准备所确认的资产减值损失。根据“资产减值损失”账户的发生额分析填列。

（10）“资产处置收益”项目：反映企业出售划分为持有待售的非流动资产（金融工具、长期股权投资和投资性房地产除外）或处置组（子公司和业务除外）时确认的处置利得或损失，以及处置未划分为持有待售的固定资产、在建工程、生产性生物资产及无形资产而产生的处置利得或损失。债务重组中因处置非流动资产（金融工具、长期股权投资和投资性房地产除外）产生的利得或损失和非货币性资产交换中换出非流动资产（金融工具、长期股权投资和投资性房地产除外）产生的利得或损失也包括在本项目内。根据“资产处置损益”账户的发生额分析填列；如为处置损失，以“—”号填列。

（11）“营业外收入”项目：反映企业发生的除营业利润以外的收益，主要包括与企业日常活动无关的政府补助、盘盈利得、捐赠利得（企业接受股东或股东的子公司直接或间接的捐赠，经济实质属于股东对企业的资本性投入的除外）等。该项目应根据“营业外收入”账户的发生额分析填列。

（12）“营业外支出”项目：反映企业发生的除营业利润以外的支出，主要包括公益性捐赠支出、非常损失、盘亏损失、非流动资产毁损报废损失等。该项目应根据“营业外支出”账户的发生额分析填列。非流动资产毁损报废损失通常包括因自然灾害发生毁损、已丧失使用功能等原因而报废清理产生的损失。企业在不同交易中形成的非流动资产毁损报废利得和损失不得相互抵销，应分别在“营业外收入”项目和“营业外支出”项目中填列。

（13）“持续经营净利润”和“终止经营净利润”项目：分别反映净利润中与持续经营相关的净利润和与终止经营相关的净利润；如为净亏损，以“—”号填列。这两个项目应按照《企业会计准则第42号——持有待售的非流动资产、处置组和终止经营》的相关规定分别列报。

（14）“其他权益工具投资公允价值变动”项目，反映企业指定为以公允价值计量且其变动计入其他综合收益的非交易性权益工具投资发生的公允价值变动。根据“其他综合收益”账户的相关明细账户的发生额分析填列。

（15）“企业自身信用风险公允价值变动”项目：反映企业指定为以公允价值计量且其变动计入当期损益的金融负债，由企业自身信用风险变动引起的公允价值变动而计入其他综合收益的金额。根据“其他综合收益”账户的相关明细账户的发生额分析填列。

（16）“其他债权投资公允价值变动”项目：反映企业分类为以公允价值计量且其变动计入其他综合收益的债权投资发生的公允价值变动。企业将一项以公允价值计量且其变动计入其他综合收益的金融资产重分类为以摊余成本计量的金融资产，或重分类为以公允价值计量且其变动计入当期损益的金融资产时，之前计入其他综合收益的累计利得或损失从其他综合收益中转出的金额作为该项目的减项。根据“其他综合收益”账户下的相关明细账户的发生额分析填列。

（17）“金融资产重分类计入其他综合收益的金额”项目：反映企业将一项以摊余成本计量的金融资产重分类为以公允价值计量且其变动计入其他综合收益的金融资产时，计入其他综合收益的原账面价值与公允价值之间的差额。根据“其他综合收益”账户下的相关明细账户的发生额分析填列。

（18）“其他债权投资信用减值准备”项目，反映企业按照《企业会计准则第22号——金融工具确认和计量》的相关规定分类为以公允价值计量且其变动计入其他综合收益的金融资产的损失准备。该项目应根据“其他综合收益”账户下的“信用减值准备”明细账户的发生额分析填列。

（19）“现金流量套期储备”项目，反映企业套期工具产生的利得或损失中属于套期有效的部分。该项目应根据“其他综合收益”账户下的“套期储备”明细账户的发生额分析填列。

四、现金流量表编制的基本方法

现金流量表反映的是收付实现制下企业按照业务分类进行的现金收支汇总。在信息系统环境下，可以通过对现金收支记录进行标识的方法汇总生成现金流量表，也可以通过逐项分析计算的方法编制现金流量表，采用编织现金流量表的“T”形账户法或工作底稿法等直接法确定各项目的现金流量，并编制现金流量表。关于编制现金流量表的具体方法和步骤，本书不予赘述。

关于现金流量表，需要特别说明以下几点：

（1）现金流量表，是指反映企业在一定会计期间现金和现金等价物流入和流出的报表。其中，现金是指企业库存现金以及可以随时用于支付的存款，现金等价物是指企业持有的期限短、流动性强、易于转换为已知金额现金、价值变动风险很小的投资。现金流量表所涉及的“现金”既包括现金，也包括现金等价物。

（2）销售商品、提供劳务收到的现金，购买商品、接受劳务支付的现金，处置固定资产、无形资产和其他长期资产所收回的现金净额，购建固定资产、无形资产和其他长期资产支付的现金，均包括相关的增值税。

（3）现金流量表的余额是指现金及现金等价物余额，而资产负债表中的货币资金包括库存现金、银行存款和其他货币资金，除存在现金等价物外，如果存在使用受限的货币资金，比如保证金、被冻结的银行存款等，也会导致现金及现金等价物余额与资产负债表中的货币资金余额不一致。

五、所有者权益变动表主要项目的填列

（1）"上年年末余额"项目：根据上年资产负债表中"实收资本（或股本）""其他权益工具""资本公积""其他综合收益""专项储备""盈余公积""一般风险准备""未分配利润"等项目的年末余额填列。

（2）"会计政策变更"和"前期差错更正"项目：根据"资本公积""其他综合收益""专项储备""盈余公积""一般风险准备""未分配利润""以前年度损益调整"等账户的发生额分析填列，并在"上年年末余额"项目的基础上调整得出"本年年初金额"项目。

（3）"本年增减变动金额"各项目：

1）"综合收益总额"项目：反映企业当年的综合收益总额，根据当年利润表中"其他综合收益的税后净额"和"净利润"项目，并对应"其他综合收益"和"未分配利润"项目予以填列。

2）"所有者投入和减少资本"项目：反映企业当年所有者投入的资本和减少的资本。其中："所有者投入的普通股"项目，根据"实收资本""资本公积"等账户的发生额分析填列，并对应列于"实收资本"和"资本公积"栏目中；"其他权益工具持有者投入资本"项目，反映企业发行的除普通股以外分类为权益工具的金融工具的持有者投入资本的金额，根据"其他权益工具"等账户的发生额分析填列，并对应列于"其他权益工具"栏目中；"股份支付计入所有者权益的金额"项目，根据"资本公积"账户中的"其他资本公积"明细账户发生额分析填列，并对应列于"资本公积"栏目中。

3）"利润分配"项目：反映当年对所有者（或股东）分配的利润（或股利）和按照规定提取的盈余公积，并对应列于"未分配利润"和"盈余公积"栏目中。其中："提取盈余公积"项目根据"盈余公积""利润分配"账户的发生额分析填列；"对所有者（或股东）的分配"项目根据"利润分配"账户的发生额分析填列。

4）"所有者权益内部结转"项目：反映不影响当年所有者权益总额的所有者权益各组成部分之间当年的增减变动，包括资本公积转增资本（或股本）、盈余公积转增资本（或股本）、盈余公积弥补亏损、设定受益计划变动额结转留存收益、其他综合收益结转留存收益等。其中："资本公积转增资本（或股本）"项目根据"实收资本""资本公积"等账户的发生额分析填列；"盈余公积转增资本（或股本）"项目根据"实收资本""盈余公积"等账户的发生额分析填列；"盈余公积弥补亏损"项目根据"盈余公积""利润

分配”等账户的发生额分析填列；“设定受益计划变动额结转留存收益”项目反映企业因重新计量设定受益计划净负债或净资产所产生的变动计入其他综合收益，结转至留存收益的金额，根据“其他综合收益”账户的发生额分析填列；“其他综合收益结转留存收益”项目，主要反映企业指定为以公允价值计量且其变动计入其他综合收益的非交易性权益工具投资终止确认时，之前计入其他综合收益的累计利得或损失从其他综合收益中转入留存收益的金额，以及企业指定为以公允价值计量且其变动计入当期损益的金融负债终止确认时，之前由企业自身信用风险变动引起而计入其他综合收益的累计利得或损失从其他综合收益中转入留存收益的金额等，根据“其他综合收益”账户的相关明细账户的发生额分析填列。

第三节　会计报表分析方法

一、会计报表分析的目的和基本方法

（一）会计报表分析及其主要目的

企业会计报表是企业所有业务活动的综合体现，通过会计报表分析可以对企业的所有业务活动结果进行综合性评判，以便有针对性地提出提高企业整体管理水平的建议或方案。

会计报表分析是对企业会计报表所提供的数据进一步加工、分析、比较、评价和解释。会计报表分析的主要目的是对企业的财务状况、经营成果和现金流量情况进行判断和评价，对企业经营管理水平做出初步评判，同时发现问题并提出改进建议。会计报表分析又称为财务报表分析。

（二）会计报表分析的基本方法

常用的会计报表分析基本方法主要有比较分析法、比率分析法和因素分析法。

1. 比较分析法

比较分析法是通过某项财务指标与性质相同的指标或标准进行对比，揭示企业财务状况、经营成果和现金流量情况并做出相关评价的一种分析方法。比较分析法在财务报表分析中被广泛应用。按比较对象的不同，可以是绝对数的比较（如资产规模、净利润等），也可以是相对数的比较（如毛利率、资产负债率等），还可以是变动幅度的比较（资产规模变动、毛利率变动等）。按选择的比较指标不同，也可以是实际指标同计划指标的比较，也可以是本期指标与上期指标的比较，还可以是本企业指标同国内外先进企业指标的比较。按时期比较的方法不同，可以是定基动态比较（与固定基期指标进行比较），也可以是环比动态比较（每一分析期数据与可比上期数据进行比较）。

采用比较分析法，可以进行同一企业不同时期的纵向比较、同一时期不同企业间的横向比较、实际数据与预算数据的比较等。同一企业不同时期的纵向比较可以分析趋势，同一时期不同企业间的横向比较可以分析优势或差距，实际数据与预算数据的比较可以分析预算与实际的差距等。

2. 比率分析法

比率分析法是将同一期财务报表上某两个有内在联系的数据进行比率计算，以分析和评价企业财务状况、经营成果和现金流量状况的一种分析方法。比率分析法又可以细分为结构比率分析、财务比率分析等具体方法。

结构比率反映某项指标在整体中所占的比重，以揭示各组成部分与整体之间的关系，如流动资产占总资产的比率、毛利率、费用率等；财务比率一般根据同一时期财务报表中两个或多个项目之间的关系，计算相关的比率，以评价企业的财务状况、经营成果等。财务比率多用于分析企业的偿债能力、营运能力和盈利能力等。

无论是比较分析法还是比率分析法，进行静态分析的意义都不大，需要结合趋势分析进行综合判断和评价。

3. 因素分析法

因素分析法，是通过计算某一指标的具体影响因素变动对该指标变化的影响，以分析判断各相互联系的驱动因素对该财务指标的影响程度的方法。比如，销售收入取决于销量和单价两个因素，可以用因素分析法来测算降价销售和销量提升对收入的影响程度。包括财务的比率因素分解法和差异因素分解法。

比率因素分解法，是指把一个财务比率分解为若干影响因素的方法。例如，总资产报酬率可以分解为销售利润率和总资产周转率两个比率的乘积。

差异因素分解法，是通过因素替换方式将比较分析中所形成的差异采用因素替换方式分解差异的具体成因及其影响程度的方法。差异因素分解法实际上通过依次将各影响因素基准值逐项替换为实际值，以测定各影响因素对某财务指标具体影响的方法。采用这种方法，要求按照传统习惯进行因素替换（一般按照数量指标、价值指标、绝对数指标和相对数指标的顺序）。例如，产品材料成本差异可以分解为数量差异和价格差异，即按照“材料成本＝材料数量×材料单价”的计算公式，通过先替换材料数量再替换材料单价的方法进行连环替换，分别确定材料数量变化和材料价格变化对材料成本变化的影响①。习惯上，人们一般称该方法为连环替代法。

读者可以通过比较分析法、比率分析法和因素分析法结合应用，对会计报表进行专题或综合分析，以获得相关的决策支持信息。为方便大家熟悉重要的财务指标，本书仅就常用的主要财务指标进行解释和说明。

① 例如，甲公司20×1年计划采购甲材料1 000千克，计划单位采购成本为10元/千克，计划采购总成本为10 000元。20×1年实际采购甲材料1 200千克，实际单位采购成本为8元/千克，实际采购总成本为9 600元。从整体看，材料采购总成本降低了400元。通过差异因素分解法可以计算得出，采购数量增加影响采购成本增加2 000［（1 200－1 000）×10］元，单位采购成本降低影响采购总成本减少2 400［1 200×（10－8）］元，两者合计影响采购总成本降低400元。

二、常用的主要财务指标

（一）分析偿债能力的主要财务指标

分析企业偿债能力的指标主要包括资产负债率、流动比率、速动比率、利息保障倍数和权益乘数等。

1. 资产负债率（debt asset ratio）

资产负债率又称负债率或举债比例，是企业负债总额占企业资产总额的百分比，反映在企业全部资产中由债权人提供的资金所占比重的大小，以及债权人向企业提供信贷资金的风险程度，也反映了企业举债经营的能力。用公式表达为：

资产负债率＝(负债总额÷资产总额)×100%

以表11－1为例，A公司20×1年12月31日的资产负债率为：21 050÷42 300×100%＝49.8%，20×0年12月31日的资产负债率为：14 000÷32 700×100%＝43%。

2. 流动比率（current ratio）

流动比率是指企业流动资产与流动负债的比率，反映企业的短期偿债能力。一般地，流动比率越高，反映企业短期偿债能力越强。用公式表达为：

流动比率＝流动资产÷流动负债

以表11－1为例，A公司20×1年12月31日的流动比率为：21 500÷14 350＝1.5∶1，20×0年12月31日的流动比率为：18 100÷10 500＝1.7∶1。

3. 速动比率（quick ratio，acid test ratio）

速动比率也称酸性测试比率，是指速动资产对流动负债的比率，可衡量企业流动资产中以易于变现的速动资产偿还流动负债的能力。速动资产一般用扣除存货后的流动资产来表示。用公式表达为：

速动比率＝速动资产÷流动负债

速动资产＝流动资产－存货

以表11－1为例，A公司20×1年12月31日和20×0年12月31日的速动资产分别是12 500（21 500－9 000）万元和7 100（18 100－11 000）万元，速动比率分别是0.87∶1（12 500÷14 350）和0.68∶1（7 100÷10 500）。

就一般制造业企业而言，通常认为流动比率应在2∶1左右，速动比率应在1∶1左右。也就是即使流动资产有一半无须被迫变现也能保证流动负债的到期偿还，偿还流动负债以后也能确保生产经营进行。流动比率和速动比率过低，说明企业面临偿债压力；但如果流动比率和速动比率过高，则说明企业持有现金过多，资金使用效率低下。

4. 利息保障倍数（times interest earned）

利息保障倍数是指企业息税前利润与利息费用之比，又称已获利息倍数，主要用以衡量偿付借款利息的能力。用公式表达为：

利息保障倍数＝息税前利润÷利息费用

息税前利润是指利润表中未扣除利息费用和所得税前的利润，可以在净利润基础上加上所得税费用和利息费用计算得出，即：

息税前利润＝净利润＋所得税费用＋利息费用

利息费用是指本期发生的全部利息，既包括财务费用中的利息，也包括计入固定资产成本等资本化的利息。

以表 11－2 为例，假定 A 公司不存在借款利息资本化的情况，也就是当年所有借款利息均反映为财务费用中的利息费用，则 A 公司 20×1 年息税前利润为 6 620（4 650＋1 550＋420）万元，利息保障倍数为 15.8（6 620÷420）倍。

如果企业没有足够多的息税前利润，利息的支付就会发生困难，本金偿付会更加困难。因此，企业要维持正常偿债能力，利息保障倍数至少应大于 1，且利息保障倍数越大，在一定程度上说明企业的长期偿债能力越强。如果利息保障倍数过低，则说明企业可能面临盈利能力差、偿债压力大、经营遇到困难等。

5. 权益乘数（equity multiplier，EM）

习惯上，人们将股东权益比例的倒数称为权益乘数，即资产总额与股东权益总额的比率，是反映企业偿债能力的另一种表达方式。一般地，权益乘数越大，表示股东投入的资本在资产中所占的比重越小，财务杠杆越大，也就是负债水平越高。用公式表达为：

权益乘数＝资产总额÷股东权益总额
＝资产总额÷(资产总额－负债总额)
＝1÷(1－资产负债率)

以表 11－1、表 11－2 和表 11－3 为例，A 公司 20×1 年 12 月 31 日和 20×0 年 12 月 31 日权益乘数分别为 1.99[42 300÷21 250，或 1÷(1－49.8％)]、1.75[32 700÷18 700，或 1÷(1－43％)]。

一般地，权益乘数越大，表明企业资产负债率越高，同时说明企业利用财务杠杆获得利润的能力较强；反之，说明企业负债程度越低，面临的财务风险越低，企业利用财务杠杆获取利益的能力也越低。

按照杜邦分析模型计算股东权益报酬率时，一般使用平均权益乘数，即平均资产总额与平均股东权益总额[①]之比。以表 11－1、表 11－2 和表 11－3 为例，A 公司 20×1 年平均权益乘数为 1.88(37 500÷19 975)。

（二）分析营运能力的主要财务指标

分析企业营运能力的指标主要包括存货周转率、应收账款周转率、资产周转率等。

1. 存货周转率（inventory turnover）

存货周转率是企业一定时期内（一般指一年）销售（营业）成本与存货平均余额的比率。该比率实际就是企业的存货在一个会计年度内周转了多少次，并可推算出每周转一次所需要的天数。存货平均余额一般以年初存货余额和年末存货余额平均计算。用公式表

① 平均资产总额和平均股东权益总额一般按年初和年末金额的平均数计算。

达为：

存货周转率(次数)＝销售(营业)成本÷存货平均余额

存货平均余额＝(年初存货余额＋年末存货余额)÷2

存货周转天数＝360÷存货周转率(次数)

以表 11－1 和表 11－2 为例，A 公司 20×1 年存货平均余额为 10 000［(11 000＋9 000)÷2］万元，存货周转率（次数）为 3.75（37 500÷10 000），存货周转天数为 96（360÷3.75）天。

一般地，存货周转率越高，表明企业存货资产变现能力越强，存货及占用在存货上的资金周转速度越快。

2. 应收账款周转率（receivables turnover ratio）

应收账款周转率是企业在一定时期内（一般指一年）赊销净收入与应收账款平均余额之比，是衡量企业应收账款周转速度及管理效率的一项重要指标。应收账款周转率实际上反映了企业在一个会计年度内应收账款转为现金的平均次数，并可推算出应收账款的收款天数。为简化计算手续，一般可以用销售收入代替赊销净收入计算应收账款周转率。应收账款平均余额一般以年初应收账款余额和年末应收账款余额平均计算。用公式表达为：

应收账款周转率(次数)＝销售收入÷应收账款平均余额

应收账款平均余额＝(年初应收账款余额＋年末应收账款余额)÷2

应收账款收款天数＝360÷应收账款周转率(次数)

以表 11－1 和表 11－2 为例，A 公司 20×1 年应收账款平均余额为 3 530［(4 000＋3 060)÷2］万元，应收账款周转率为 13.4（47 400÷3 530）次，应收账款收款天数为 27（360÷13.4）天。

一般地，应收账款周转率越高，说明其收回速度越快，资金越安全；反之，说明营运资金过多呆滞在应收账款上，影响正常资金周转及偿债能力。

3. 资产周转率（asset turnover ratio）

资产周转率也称总资产周转率，是企业在一定时期内（一般指一年）销售收入与总资产平均余额的比例，是衡量企业资产管理效率的重要指标。总资产平均余额一般以年初总资产余额和年末总资产余额平均计算。用公式表达为：

总资产周转率(次数)＝销售收入÷总资产平均余额

总资产平均余额＝(年初总资产余额＋年末总资产余额)÷2

以表 11－1 和表 11－2 为例，A 公司 20×1 年总资产平均余额为 37 500［(32 700＋42 300)÷2］万元，总资产周转率为 1.26（47 400÷37 500）次。

一般情况下，该数值越高，表明企业总资产周转速度越快，销售能力越强，资产利用效率越高。

比照总资产周转率的计算方法，还可以计算流动资产周转率、固定资产周转率等。

（三）分析盈利能力的主要财务指标

分析企业盈利能力的指标主要包括毛利率、营业利润率、净利润率、总资产报酬率、所有者权益报酬率、每股收益等。

1. 毛利率（gross profit margin）

毛利率是毛利与销售收入（或营业收入）的百分比。其中，毛利是营业收入和与营业收入相对应的营业成本之间的差额。毛利率反映了企业营业活动的获利能力。用公式表达为：

毛利＝营业收入－营业成本

毛利率＝毛利÷营业收入×100％

以表 11－2 为例，A 公司 20×1 年毛利为 9 900（47 400－37 500）万元，毛利率为 21％（9 900÷47 400×100％）。

一般地，毛利率越高，说明企业的获利能力越强，市场竞争优势越明显。

2. 营业利润率（operating profit ratio）

营业利润率是指企业的营业利润与营业收入的比率，是衡量企业经营效率的一项重要指标。用公式表达为：

营业利润率＝营业利润÷营业收入×100％

以表 11－2 为例，A 公司 20×1 年的营业利润率为 13％（6 200÷47 400×100％）。

一般地，营业利润率越高，说明企业的盈利能力越强。

3. 净利润率（net margin）

净利润率是企业净利润与营业收入的比率，是反映企业盈利能力的一项重要指标。用公式表达为：

净利润率＝净利润÷营业收入×100％

以表 11－2 为例，A 公司 20×1 年的净利润率为 9.8％（4 650÷47 400×100％）。

一般地，企业净利润率越高，说明企业的盈利能力越强。

4. 总资产利润率（return on asset，ROA）

总资产利润率又称总资产回报率，一般是指企业在一定时期内（一般指一年）实现的净利润与同期资产平均余额的比率，是反映企业盈利能力的一项重要指标。用公式表达为：

总资产利润率＝净利润÷总资产平均余额×100％

以表 11－1 和表 11－2 为例，A 公司 20×1 年的总资产利润率为 12.4％（4 650÷37 500×100％）。

一般地，总资产利润率越高，说明企业运用资产的获利能力越强。

5. 所有者权益报酬率（return on owner's equity，ROE）

所有者权益报酬率也称净资产报酬率或股东权益报酬率，是指企业在一定时期内（一般指一年）实现的净利润与同期所有者权益平均余额的比率，是衡量股东权益回报程度或企业为股东获取利润能力的一项重要指标。所有者权益平均余额一般以所有者权益的年初余额和年末余额平均计算。用公式表达为：

所有者权益报酬率＝净利润÷所有者权益平均余额×100％

所有者权益平均余额=(年初所有者权益余额+年末所有者权益余额)÷2

以表 11-1、表 11-2 为例，A 公司 20×1 年所有者权益平均余额为 19 975［(18 700+21 250)÷2］万元，所有者权益报酬率为 23.3%（4 650÷19 975×100%）。

一般地，所有者权益报酬率越高，表示企业为股东获取利润的能力越强。

6. 每股收益（earnings per share，EPS）

每股收益又称每股净利润，是指企业一定时期内（一般指一年）的净利润与股本总数的比率，反映每股普通股所享有的净利润或承担的净亏损，是衡量企业经营成果的一项重要指标，多用于证券分析。利润表中，列示了“基本每股收益”和“稀释每股收益”两个项目，分别反映企业基本每股收益和存在潜在普通股[①]情况下计算的稀释每股收益。

企业不存在潜在普通股的情况下，每股收益也就是基本每股收益，是指当年净利润与普通股平均股数的比值，表示每股普通股获得的利润。其中，净利润是指归属于普通股股东的净利润（可以简单理解为扣除优先股股息后的净利润），普通股平均股数是年度内发行在外的普通股平均股数。用公式表达为：

每股收益=归属于普通股股东的净利润÷在外发行普通股平均股数

以表 11-1、表 11-2 为例，A 公司 20×1 年的每股收益为 0.465（4 650÷10 000）元。

三、杜邦分析模型（DuPont analysis model）

杜邦分析模型是利用几种主要财务比率之间的关系对企业股东权益回报水平进行综合分析的一种经典方法。其基本思想是，将企业净资产收益率（权益报酬率）逐级分解为多项财务比率的乘积，以深入分析权益报酬率的具体影响因素。由于这种分析方法最早由美国杜邦公司使用，故名杜邦分析模型或杜邦分析法。

杜邦分析法的基本原理是，主要关注股东回报，将反映企业盈利能力的销售利润率、反映企业营运能力的总资产周转率和反映企业偿债能力的权益乘数结合在一起，直观分析提高权益报酬率的途径和手段。即，在企业资金结构一定的情况下，通过增收节支，提高资产利用效率的方式提高总资产报酬率，而且在总资产报酬率大于负债利息率的情况下，通过增大权益乘数提高资产负债率的方式提高权益报酬率。用公式表达为：

权益报酬率=总资产报酬率×权益乘数

公式推导过程如下：

权益报酬率=净利润÷所有者权益

=销售利润率×总资产周转率×资产总额÷股东权益总额

=销售利润率×总资产周转率×权益乘数

该公式表明：权益报酬率是杜邦分析模型的核心，提高销售利润率、加快资产周转，并充分利用财务杠杆效应，是提高权益报酬率的主要途径和手段。杜邦分析模型可用图示表示，如图 11-1 所示。

---

① 潜在普通股是指可能赋予其持有者在报告期或以后期间享有取得普通股权利的一种金融工具或其他合同，主要包括可转换公司债券、认股权证和股份期权等。

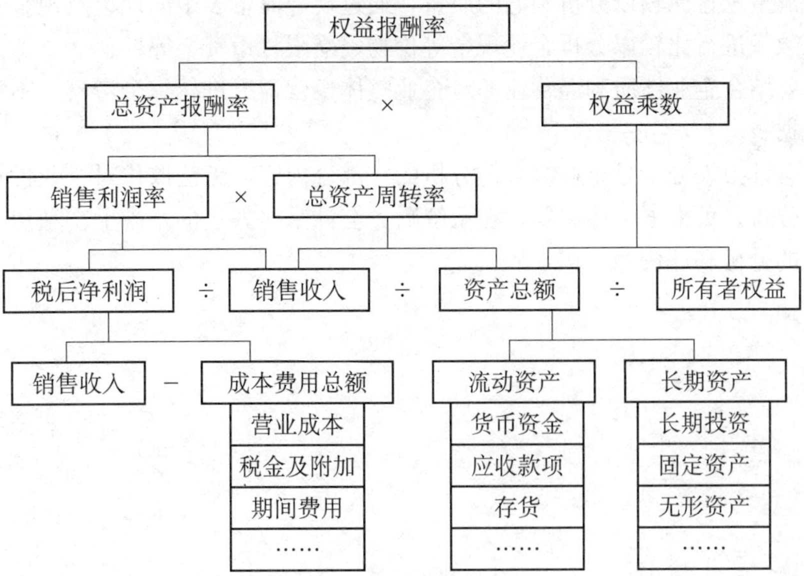

图 11－1　杜邦分析模型

以表 11－1、表 11－2 和表 11－3 为例，A 公司 20×1 年的权益报酬率为 23.3%，销售利润率（净利润率）为 9.8%，总资产报酬率为 12.4%，总资产周转率为 1.26 次，权益乘数为 1.88，则有如下关系：

总资产报酬率（12.4%）＝销售利润率（9.8%）×总资产周转率（1.26）

权益报酬率（23.3%）＝总资产报酬率（12.4%）×权益乘数（1.88）

通过杜邦分析模型可知，提高资产报酬率的手段主要是加速资产周转，扩大销售，提高资产利用效率；尽可能降低耗费，提高投入产出比率。

四、会计报表分析应注意的几个问题

在会计报表分析中，各种财务比率被广泛应用，但各项财务比率大多属于静态指标，计算某一年指标的意义并不是很大，需要对企业连续年度会计数据进行趋势分析，才能具有更高的预测价值。另外，由于年度报表中的数据或多或少都带有估计成分甚至管理层调整成分，需要尽可能消除估计和调整因素的影响。

进行会计报表分析时，需要特别注意以下几个问题：

（1）尽可能获取连续年度的会计数据，一般情况下，至少需要 3～5 个连续年度。

（2）各项分析指标数据的选取，尽可能通过移动平均的方法对数据进行调整后再进行分析，比如获取某企业连续 7 个会计年度的会计数据后，可以通过 3 年（或更长时间）滚动平均的方法得到 5 个连续年度的平均数据，这样可以在一定程度上消除因某些原因产生的年度数据波动的影响，进而得到更具预测价值的相关财务比率。

（3）各项财务指标应结合使用，某一项指标仅仅反映某个方面的情况，不足以支持对企业整体财务状况、运营情况及现金流量等整体情况做出相对准确的判断。

（4）企业可以根据具体情况，自行设计或应用其他的财务比率，如通过利润指标与经营活动现金流量进行比较以分析利润的质量，通过现金流量表中的现金及现金等价物金额与货币资金数额进行比较以分析企业现金等价物、受限货币资金等。

（5）需要结合企业性质和经营业务对企业整体经营情况进行综合考察，不能仅局限于财务报表数据。

总之，会计报表分析是企业综合性分析的一部分内容，无法取代对企业进行经营管理活动的全面分析。可根据个体需要，在了解财务会计基本方法的基础上，利用会计报表数据进行相关的分析和评价。